AF825023

Tauschsozialismus und Freigeld

Eine dogmengeschichtlich-kritische Untersuchung zur Freigeldlehre

Von

Dr. Walter Wegelin,

St. Gallen.

1921

München, Berlin und Leipzig

J. Schweitzer Verlag (Arthur Sellier).

Druck von Dr. F. P. Datterer & Cie., Freising-München.

Vorbemerkung.

Am 7. April 1919 wurde in München die mehrheitssozialistische Regierung Hoffmann gewaltsam gestürzt und durch eine Räteregierung ersetzt, deren Chef Niekisch den Geldreformer Silvio Gesell zum Finanzminister berief. Gesell sollte keine Zeit zu einer praktischen Verwirklichung seiner Ideen finden. Am 16. April wurde die Regierung Niekisch von einer solchen rein kommunistischer Richtung abgelöst, die ihrerseits kurze Zeit darauf den einrückenden Reichstruppen weichen mußte. Wohl aber wurde durch diese Vorgänge und die darauf folgenden Gerichtsverhandlungen die Aufmerksamkeit des Publikums auf den Vertreter einer Lehre gelenkt, die enge Beziehungen zu früheren tauschsozialistischen Vorschlägen aufweist. Die Anhänger dieser Lehre ließen sich durch ihren Mißerfolg nicht entmutigen. Der deutsche und der schweizerische Freiland-Freigeld-Bund entfalten durch Presse- und Broschüren-Erzeugnisse, von denen die wichtigeren im Literaturverzeichnis angeführt sind, eine äußerst lebhafte Propaganda.

Die Wissenschaft hat somit allen Grund, sich mit den von Gesell vorgetragenen Lehren eingehend auseinanderzusetzen. Die hiemit der Öffentlichkeit unterbreitete Schrift, die aus einer Zürcher staatswissenschaftlichen Dissertation hervorging, will durch die Darstellung und die Kritik der älteren, das gleiche Ziel verfolgenden Lehren, einerseits die Fäden aufdecken, die die Freigeldlehre mit jenen verbinden und andererseits die daran anknüpfende kritische Würdigung der Gesellschen Lehren auf eine breitere Grundlage stellen.

St. Gallen, im Juni 1921.

Der Verfasser.

Inhaltsverzeichnis.

I. Teil.

Entwicklung des tauschsozialistischen Gedankens und die Idee des Freigeldes.

§ 1.

Einleitung, Begriff und Wesen des Tauschsozialismus.

Der Sozialismus im weitesten Sinne umfaßt alle jene rechtsphilosophischen und ökonomischen Theorien und sozialen Bewegungen, die, getragen von der Idee der Gleichwertigkeit aller Menschen, die Beseitigung der bestehenden Klassenschichtung und der diese Schichtung schützenden Rechts- und Wirtschaftsordnung fordern, um an deren Stelle eine „Gesellschaft der Freien und Gleichen" treten zu lassen.[1])

Die Klassenschichtung ist seit dem Fallen der alten ständischen Ordnung einerseits durch den Besitz und die daraus fließende soziale Macht bestimmt, anderseits durch die Stellung, die der einzelne im Produktionsprozeß und im öffentlichen Leben einnimmt. Da es im öffentlichen Leben und ebenso im Produktionsprozeß stets einer Über- und Unterordnung bedarf, so kann das Bestreben des Sozialismus allein dahin gehen, die Stellung eines jeden Menschen einzig von seinen Persönlichkeitswerten (Charakter,

---

[1]) Der Begriff des Sozialismus ist sehr umstritten, was darauf zurückzuführen ist, daß jeder, der von Sozialismus spricht, in erster Linie an die von ihm vertretene Ordnung der Dinge denkt. Die meisten Definitionen halten sich an etwas Äußeres, an eine bestimmte Rechts- und Produktionsordnung. So wird das Kollektiveigentum im Gegensatz zum Privateigentum (Grünberg, Diehl, Georg Adler) oder aber das Recht auf den vollen Arbeitsertrag (A. Menger) zum Kriterium des Sozialismus gestempelt. Nicht nur ist auf diese Weise die Zusammenfassung aller sozialistischer Bestrebungen unter einem Begriff ausgeschlossen, sondern das Wesentliche der ganzen Bewegung wird dabei verkannt. Wollen wir dieses erkennen und das Gemeinsame aller verschiedenen Theorien als begriffliches Merkmal in den Vordergrund stellen, so müssen wir, statt der Mittel, das Ziel, statt der Form der Verwirklichung das treibende Ethos ins Auge fassen. Unserer Begriffsbestimmung am nächsten kommt die Definition Tugan-Baranowskis. Er definiert den Sozialismus als diejenige Wirtschaftsordnung, bei welcher, „infolge der gleichen Verpflichtung und des gleichen Rechts aller, sich an der gesellschaftlichen Arbeit zu beteiligen und demgemäß auch am Genuß der Früchte dieser Arbeit teilzunehmen, die Ausbeutung eines Teils der Gesellschaft durch den andern unmöglich wird" (Tugan-Baranowski: Der moderne Sozialismus in seiner geschichtlichen Entwicklung S. 13).

Talente) abhängig zu machen, sie von Besitz, Familienbeziehungen und dergleichen loszulösen, sowie dahin eine gerechtere Einkommensverteilung herzustellen. Was als gerechte Einkommensverteilung anzusehen ist, darüber gehen die Meinungen der verschiedenen Sozialisten auseinander und braucht hier nicht erörtert zu werden. Zumeist, aber nicht immer und vollständig, wird das Besitzeinkommen als ungerecht verpönt.

Die Verwirklichung dieses allen modernen sozialistischen Bestrebungen gemeinsamen Zieles, die Macht des Besitzes in der Gesellschaft zu brechen, kann auf verschiedenem Wege und in vielgestaltiger Form gedacht werden. Versuchen wir aber die verschiedenen Systeme und Theorien nach einheitlichen Gesichtspunkten zu gruppieren, so ergibt sich uns von selbst eine Gliederung in solche Theorien, welche das Ziel durch eine Reform des Eigentumsrechts und der Produktionsordnung anstreben und solche, welche, ohne grundsätzliche Neuregelung der Rechtsordnung und der Form der gesellschaftlichen Produktion, durch bestimmte Eingriffe in den Zirkulationsprozeß die Beziehungen zwischen den Wirtschaftssubjekten auf eine andere Grundlage zu stellen wünschen. Erstere sehen die Quelle des Übels in der Verfügung der Eigentümerklasse über ihr Eigentum und dessen Benutzung zur Erzielung eines Gewinnes, ihr Blick ist gerichtet auf die Rechtsgrundlage unserer Ordnung und die durch sie bestimmte Form der Produktion. Die zweite Gruppe von Theorien geht von der Betrachtung aus, daß die verschiedenen Produktionsfaktoren im Zirkulationsprozeß zum Zweck der Produktion zusammengefügt und die erzeugten Produkte im Tausch realisiert werden müssen, daß demnach die Beziehungen der einzelnen Menschen zueinander (und deshalb auch ihre gesellschaftliche Schichtung) im Tauschprozeß entstehen und inhaltlich bestimmt werden. Es handelt sich also um zwei grundsätzlich verschiedene Betrachtungsweisen.

An die erste Gruppe von Theorien wird gewöhnlich gedacht, wenn von Sozialismus die Rede ist. Wir können sie als Sozialismus im engeren Sinne bezeichnen. Sie begreift eine Unmenge von Varianten in sich. Je nach der Regelung der Eigentumsfrage können wir unterscheiden den Kommunismus, den zentralistischen Sozialismus oder Kollektivismus, den föderalistischen oder Gruppensozialismus, den korporativen oder Genossenschaftssozialismus und endlich an der Grenze dieser Gruppe, den Bodensozialismus, der nur das Gemeineigentum an Grund und Boden, nicht aber an mobilem Vermögen verlangt. Eine weitere Einteilung könnte vorgenommen werden nach der Art der Einkommensverteilung.

Die Theorien der zweiten Kategorie sind es, die wir als tauschsozialistische bezeichnen wollen. Auch sie wünschen die Macht des Besitzes und damit die hergebrachte Klassenschichtung zu brechen, um an ihre Stelle eine natürliche Gliederung der Gesellschaft nach

Fähigkeiten und Talenten zu setzen, glauben aber, dieses Ziel auch bei bestehendem Privateigentum erreichen zu können. Ihr Reformbestreben richtet sich nicht gegen den Besitz als solchen, dessen Vorzüge anerkannt bleiben, wohl aber gegen die Macht, die der Besitzende im Tauschprozeß und damit in der Gesellschaft auszuüben in der Lage ist und die sich im Besitzeinkommen kundgibt. Gelänge es, diese Vorzugsstellung der Besitzenden vor den Besitzlosen zu beseitigen, so wäre das Privateigentum unschädlich gemacht und könnte beibehalten werden. Dadurch würde dann die Notwendigkeit hinfällig, unsere Wirtschaftsordnung durch eine andere Organisationsform zu ersetzen. Durch die Verbindung dieser Tauschreform mit einer Bodenreform durch einige der zu besprechenden Autoren, wird die Brücke zur ersten Gruppe sozialistischer Theorien geschlagen. Der Bodensozialismus steht schon deshalb den tauschsozialistischen Autoren nahe, weil auch er darauf verzichtet, die privatwirtschaftliche Produktionsweise aufheben zu wollen.

Unsere Unterscheidung knüpft an sachliche Merkmale an, nicht an die Personen, welche die fraglichen Lehren vertreten. Diese können außer der tauschsozialistischen Lehre auch solche Ideen vertreten haben, die dem Sozialismus im engeren Sinne angehören. Robert Owen ist der Vertreter eines föderativen Kommunismus, hat aber außerdem als Erster tauschsozialistische Ideen propagiert und in die Praxis umzusetzen versucht. Nur diese, den Tauschsozialismus betreffenden Lehren interessieren uns hier. Desgleichen ist Rodbertus einer der markantesten Vertreter des Kollektivismus, hat aber gewisse Übergangsvorschläge formuliert, die einen tauschsozialistischen Charakter tragen und die deshalb für uns von Interesse sind.

In hohem Maße angespornt und gefördert wurde die sozialistische Lehre durch die regelmäßig wiederkehrenden Krisen, ein besonderes Kennzeichen unserer Wirtschaftsepoche. Sollen nun die Krisen nach der eigentlichen sozialistischen Doktrin dadurch überwunden werden, daß an die Stelle des individuellen Gewinn- und Verwertungsstrebens frei sich bewegender Wirtschaftssubjekte eine Organisation der gesellschaftlichen Kräfte unter einheitlicher Zwecksetzung tritt, so glauben die Tauschsozialisten durchweg, daß sich mit der Reform des Tauschmechanismus und der daraus folgenden Beeinflussung der Tauschrelation ein natürliches Gleichgewicht von Angebot und Nachfrage von selbst ergeben werde. Auch in diesem Punkt tritt die verschiedene Betrachtungsweise der beiden Richtungen zutage.

In der Freigeldlehre des Deutsch-Überseers Silvio Gesell und seiner Anhänger haben wir die letzte und nach gewissen Seiten hin ausgebauteste tauschsozialistische Theorie zu erblicken. Ihrer eingehenden Würdigung vorgängig wollen wir uns einer kurzen Betrachtung der Lehren seiner Vorgänger hingeben.

I. Kapitel.

Entwicklung der älteren tauschsozialistischen Ideen.

§ 2.

Robert Owens Lehre vom Arbeitstausch und seine Arbeitsbank.[1])

Robert Owen (1771—1858) war einer der ersten Vertreter der Arbeitswertlehre.[2]) Sie bot ihm die theoretische Grundlage für seine tauschreformerischen Projekte.

Owen führte die, zu Beginn des 19. Jahrhunderts sich abspielenden Krisen auf den Umstand zurück, daß die Produktionskraft der Gesellschaft ihre Konsumtionsfähigkeit bedeutend übersteige, weswegen die Märkte mit Waren überfüllt und die Arbeiter der Arbeitslosigkeit ausgeliefert seien.[3]) Den Grund dafür sah er in der Entwertung der Arbeitskraft gegenüber den Waren oder, wie spätere Autoren (vor allem Proudhon) denselben Gedanken ausdrückten, darin, daß der Arbeiter sein Arbeitsprodukt nicht zurückkaufen könne. Diese Differenz zwischen dem Wert der Produkte in Arbeit, den Owen als den naturgemäßen betrachtete und den Produktpreisen, führte er auf unser Geldsystem zurück. Wird einmal die Arbeit à priori als Wertgrundlage angesehen, so liegt der Gedanke nahe, daß sich die tatsächliche Tauschrelation deshalb vom Arbeitswert entferne, weil die Arbeitsprodukte nicht unmittelbar untereinander ausgetauscht werden und der Arbeitsertrag infolgedessen von dem, im Handel erzielten Gelderlös abhängig ist. Nach dieser Auffassung verschuldete die Abhängigkeit der Produzenten vom Händler den Abzug vom Arbeitsertrag. Das ist tatsächlich Owens Meinung. Er sagt, da die Produzenten gezwungen seien, ihre Arbeitsprodukte zunächst in Geld zu verwandeln, könnten sie dieselben nur unter Opfern verkaufen. Sie müßten sie einem Zwischenhändler abtreten und die Bedarfsartikel und Rohstoffe von einem andern Händler einkaufen, so daß sie stets von einem Mittelsmann

---

[1]) Für diesen Abschnitt bin ich auf die ausführlichen Darstellungen von Edouard Dolléans: Robert Owen, Paris 1907 und Helene Simon: Robert Owen, Sein Leben und seine Bedeutung für die Gegenwart, Jena 1905 angewiesen. Ferner sei verwiesen auf die entsprechenden Abschnitte bei Marc Aucuy: Les systèmes socialistes d'échange Paris 1908, H. Denis: Histoire des Systèmes économiques et socialistes, vol. II Paris 1907, sowie die Studie von J. M. Bösch, Robert Owen, Winterthur 1905 und den art. „Labour Exchange" bei Palgrave, Dictionary of Political Economy, vol. II London 1910.

[2]) Schon lange vor dem Experiment der Arbeitsbank hatte Owen (im Bericht an die Grafschaft Lanark), beeinflußt durch falsch interpretierte Lehren der Klassiker die Arbeit als den natürlichen Wertmesser und die Quelle alles Reichtums erklärt (H. Denis a. a. O. S. 459).

[3]) Vgl. H. Denis a. a. O. S. 460, siehe auch unten S. 102.

abhingen, der auf ihrem Rücken einen Profit mache.[4]) Den gleichen Gedanken werden wir bei Gesell wieder finden.[5])

Die Intervention des Geldes im Tausch erscheint Owen trotz gewisser Vorzüge als ein großes Übel, da sie eine willkürliche und schwankende Bewertung der Produkte bewirke. Sie sei die beständige Ursache der Störung aller soliden Prinzipien in der Erzeugung und Verteilung der Reichtümer und dadurch des Elends in der Gesellschaft.[6])

Von solchen Ansichten ausgehend, verfolgt Owen mit seiner Tauschreform ein doppeltes Ziel. Einmal sollte dadurch, daß das Geld als Tauschvermittler durch die Arbeit ersetzt würde, der Produzent vom Händler unabhängig werden. Denn nun besäße, meint er, jeder in seiner Arbeitskraft die unmittelbare Verfügungsgewalt über die Güter, die er sich heute durch die Konversion in Geld erst beschaffen muß.[7]) Dasselbe Ziel steckte sich auch Proudhon in seinem Vorschlag der Tauschbank, im Gegensatz zum zweiten von Owen erstrebten Ziel. Dieses bestand in der Erhebung der Arbeit zum Wertmaßstab.[8]) Das Geld versehe diese Funktion nur höchst unvollkommen, einmal bewirke es eine stete Minderbewertung der Arbeit und sodann sei es ein veränderlicher Maßstab. Demgegenüber gebe die Arbeit einen gleich absoluten, stabilen und sichern Maßstab für die Feststellung des Wertes ab, wie die Längen- und Gewichtseinheit für die Messung von Größe und Gewicht.[9])

Diese Auffassung ist vom Standpunkt der Arbeitswertlehre aus konsequent gedacht. Wenn der Arbeitsaufwand für den Wert entscheidend wäre, so müßte allerdings ein bestimmtes Maß von Arbeitsleistung, das als Werteinheit gewählt würde, einen fixen Maßstab abgeben. Die Schwierigkeit bestünde dann lediglich in der Wahl der Einheit (der Menge und Qualität an Arbeitsleistung während einer bestimmten Zeiteinheit) und in der Reduzierung der Arbeitsleistungen anderer Art auf diese Einheit. Es wird noch zu untersuchen sein, weshalb die Voraussetzung unrichtig ist. Die praktische Undurchführbarkeit einer derartigen Wertmessung in Arbeit sollte Owen bald erfahren. Dies ist nicht erstaunlich, denn weder ist der Wert meßbar, noch dient das Geld, wie eine landläufige Meinung annimmt, diesem Zweck. Es kann sich bei der sog. Wertmessung nur um den Tauschwert handeln, da der subjektive Wert etwas rein psychisches und individuelles ist. Der

---

[4]) Vgl. Helene Simon, a. a. O. S. 220 und Ed. Dolléans, a. a. O. S. 274.

[5]) Siehe unten S. 88.

[6]) Vgl. H. Denis, S. 464.

[7]) H. Denis, S. 461.

[8]) Owen hat in seinem damaligen Organ, der „Crisis" als Ziel seiner Tauschreform ausdrücklich einerseits die Emanzipation der Produzenten vom Geldbesitzer und Händler bezeichnet und anderseits die Ersetzung des Geldes als Wertmesser durch die Arbeit (vgl. Ed. Dolléans, a. a. O. S. 271).

[9]) Ed. Dolléans, S. 276.

Tauschwert kommt aber erst durch die Preisbildung zustande und ist von sämtlichen Bedingungen derselben abhängig, wird also nicht durch Messung an irgendeinem Vergleichsmaßstab festgestellt. Das Geld dient als Ausdrucksmittel für die Preisbildung und ermöglicht dadurch die einheitliche und exakte Wertrechnung. Wir können es deshalb als Wertausdrucksmittel bezeichnen, keinesfalls aber ist es ein Maßstab für den Wert.[10])

Durch die Wahl der Arbeit als Tauschmittel und als Wertmesser würde nach Owen ein vollkommenes und gerechtes Tauschsystem geschaffen, bei welchem jedem an der Produktion Beteiligten das zukäme, was ihm für seine Leistung gebührt. Alle Produzenten würden nun füreinander arbeiten nach dem Grundsatz „Wie du mir, so ich dir, alles was ihr wollt was euch die Leute tun sollen, das tut ihr ihnen. Ebensoviel Arbeit, als einer für andere tut, sollen andere für ihn tun.“[11]) Diese Idee brachte Owen im Namen seines Tauschsystems (Equitable Labour Exchange) zum Ausdruck. Ein anderer Vorzug des neuen Tauschsystems soll darin bestehen, daß die Arbeit ihren innern Wert realisieren könne und zwar soll der, dem Produkt durch die Arbeit „inkorporierte Wert“, ohne vorher durch den Tausch realisiert zu sein, als Kaufkraft unmittelbar vom Produzenten verwandt werden können.[12]) Dadurch werde sich die Produktion ins Ungemessene steigern, gleichzeitig aber auch die Nachfrage, da jede Produktion durch das Medium der Tauschbons eine unmittelbare Nachfrage gebären werde. Somit müßten die Arbeiter nicht mehr wegen der Unmöglichkeit feiern, ihre Produkte gegen das Tauschmittel austauschen zu können.[13]) Das Gleichgewicht von Produktion und Konsumtion, das beim heutigen System stetsfort gestört sei, sei nun

---

[10]) Die Meinung, der Wert könne gemessen, d. h. an Hand irgendeines objektiven Maßstabes festgestellt werden, steht und fällt mit der objektiven Wertlehre. Die Klassiker waren daher nur konsequent, wenn sie das Geld als „Wertmesser“ bezeichneten und einem möglichst stabilen „Maßstabe“ riefen. Hingegen ist es als einfacher Unsinn zu bezeichnen, wenn Vertreter einer subjektiven Wertlehre die Funktion des Geldes, als Wertmesser zu dienen, glauben hervorheben zu müssen. So St. Jevons: Geld und Geldverkehr, deutsche Ausg., Leipzig 1876, S. 13 ff., Lotz: Art. Geld im Wörterb. d. Volksw., Bd. II, S. 990, Diehl: über Fragen des Geldwesens und der Valuta, Jena 1918, S. 103 ff., desgleichen Aucuy in seiner Kritik der Tauschsozialisten. Auch Ad. Wagner steht noch auf diesem Standpunkt. Es ist das bleibende Verdienst von Ludwig Mises, die sachliche Unmöglichkeit einer solchen Wertmessung durch das Geld oder einen sonstigen Maßstab klar erkannt und nachgewiesen zu haben (Theorie des Geldes und der Umlaufsmittel, München 1912, S. 15 ff.). Helfferich verwendet, meiner Ansicht nach unglücklich, weil zu Verwechslungen Anlaß gebend, den Ausdruck Wertmesser in übertragenem Sinn, eben in demjenigen, als Wertausdrucksmittel zu dienen (Das Geld, S. 265 ff.).

[11]) J. M. Bösch, a. a. O., S. 58.

[12]) Vgl. H. Denis, S. 469 ff.

[13]) Marc Aucuy, S. 58.

gewährleistet. Daß und weshalb diese Meinung irrig ist, wird unten zu zeigen sein.

Von seinen mißglückten kommunistischen Versuchen aus Amerika zurückgekehrt, fand Owen Anlaß, seinen Ideen über den Arbeitstausch praktische Folge zu geben. Die Anregung zu seiner Tauschbank soll er von einer Zentralstelle für den Warenaustausch der damals entstandenen ersten Genossenschaften empfangen haben, denen übrigens kein langes Dasein beschieden war.[14]) Er mochte damals an eine genossenschaftliche Organisation der Wirtschaft als Grundlage für das neue Wertsystem gedacht haben, gründete aber 1832 sein, mit dem Namen des Tauschprinzips „Equitable Labour Exchange" getauftes Institut für den Warenaustausch, unabhängig von irgendwelcher anderen Organisation.

Gegen die der Arbeitsbank eingelieferten Waren wurde dem Überbringer ein Arbeitsbon ausgehändigt, auf die Stundenzahl Arbeit lautend, auf die seine Waren taxiert wurden.[15]) Im Austausch gegen diesen Bon konnte der Inhaber Waren im gleichen Taxationswert aus dem Magazin beziehen. Zur Deckung der Unkosten wurde ein durchgehender Satz von $8\frac{1}{2}\%$ berechnet, d. h. der Wert der Waren wurde um soviel über den Einschätzungswert hinaufgesetzt.[16]) In der Taxation mußte von Anfang an von Owens Prinzip abgewichen werden. Wäre, dem Gleichheitsideal Owens entsprechend, die Arbeit eines jeden Berufes gleich bewertet worden, so wären alle jene der Arbeitsbank fern geblieben, deren Arbeitsleistung auf dem Markt einen überdurchschnittlichen Preis erzielte, während sich jene hinzugedrängt hätten, deren Leistung vom Verkehr niedriger bewertet wurde. Um dieser Schwierigkeit Herr zu werden, wurde die Taxation dem in jedem Beruf geltenden Lohnsatz oder Verdienst angepaßt, so daß derjenige, der auf dem Markt einen doppelt so hohen Ertrag erzielte, als sein Genosse eines andern Berufs, von der Arbeitsbörse auch einen doppelten Betrag in Arbeitsbons ausbezahlt erhielt. Die Abschätzung des im Produktionsprozeß verbrauchten Rohmaterials in Arbeitszeit war unmöglich, so daß man sich mit der Umrechnung des Marktpreises begnügte. Blieb die Berechnung der auf das Produkt verwandten Stundenzahl. Um Mißbräuchen vorzubeugen, konnte nicht auf dem Arbeitsaufwand des individuellen Arbeiters, sondern mußte auf die, zur Herstellung einer Ware „gesellschaftlich notwendige Arbeitszeit" abgestellt werden. Diese hinwieder konnte

---

[14]) Vgl. Helene Simon, a. a. O. S. 211 ff., Ed. Dolléans, S. 268, sowie Palgrave II S. 521.

[15]) Die Noten trugen folgende Aufschrift:
Central Equitable Labour Exchange.
Deliver to Bearer Goods from the Store to the amount of O n e h o u r.
Signed **X. Director, y. Manager** (s. Palgrave S. 521).

[16]) **Ed. Dolléans**, S. 278.

nur auf Grund der Marktpreise berechnet werden, was einem Verzicht seitens Owens auf die Anwendung seines Tauschprinzips gleichkam.

Um aus der Mode gekommene oder sonstwie schwer verkäufliche Waren abzuhalten, mußten bei Einlieferung solcher besondere Abzüge vorgenommen werden. Scheitern sollte jedoch das Unternehmen an der Unmöglichkeit, genügende Mengen von Rohstoffen und Lebensmitteln zu erlangen, die von den Kunden der Bank besonders begehrt waren.[17]) Vorübergehende Abmachungen mit benachbarten Händlern halfen nichts, ebensowenig die Aufnahme eines Darlehens, das zum Ankauf von Rohstoffen verwandt wurde.[18]) Die Kunden des Instituts, zumeist Gewerbetreibende und Handwerker, mußten die erhaltenen Arbeitsbons verkaufen, um die von ihnen benötigten und von der Arbeitsbank nicht erhältlichen Produkte auf dem Markt einhandeln zu können. Die Bons wurden von Händlern und Spekulanten aufgekauft, die sich dafür auf der Arbeitsbörse alle jene Produkte aussuchten, die sie auf dem Markt teurer wieder verkauften konnten.[19]) Weit entfernt davon, den Zwischengewinn auszuschalten, scheint die Einrichtung im Gegenteil zu einem neuen, blühenden Zwischenhandel Anlaß gegeben zu haben. Die Schwierigkeiten nahmen beständig zu, so daß das Institut nach 2jährigem Bestand, wegen der Unmöglichkeit, Angebot und Nachfrage ins Gleichgewicht bringen zu können, liquidieren mußte.

§ 3.

Die Lehre von der Konstituierung des Wertes bei Proudhon und Rodbertus.

a) Bei P. J. Proudhon. (1809—1865.)

Waren Owens tauschreformerische Gedanken in erster Linie der praktischen Beobachtung entnommen, so ist Proudhons Wertlehre das Produkt theoretischer Abstraktion.

Die im ökonomischen Hauptwerk Proudhons vertretene Lehre von der Konstituierung des Wertes will einmal die Lehre vom wirtschaftlichen und sozialen Ideal sein. Von der Formel „tout produit vaud ce qui'l coûte“ leitet er das Prinzip der Gerechtigkeit oder der Gegenseitigkeit im Tausch ab (mutualité dans l'échange)[1]), das Prinzip, das sein Lebenswerk beherrschen und zum Angelpunkt seines Systems werden sollte, wie wir noch sehen werden. In Verfolgung dieser Idee gelangte er sodann zum

[17]) Helene Simon a. a. O. S. 226 und Dolléans S. 293 ff.

[18]) Vgl. Karl Diehl, Sozialismus, Kommunismus und Anarchismus, Jena 1911 S. 357.

[19]) H. Simon S. 234, Dolléans S. 294, Palgrave II S. 520.

[1]) Vgl. P. J. Proudhon, Système des **contradictions** économiques, 1ère éd. Paris 1846 t. I. S. 81 f.

Prinzip der Gleichheit der Lebensbedingungen. Was er darunter versteht, geht aus der Bemerkung hervor, daß ein Arbeitstag den andern bezahle, nicht mehr und nicht weniger.[2])

Die Lehre vom konstituierten Wert will aber noch mehr sein. Dieser soll die Auflösung der in der Bewegung des Wertes herrschenden Antinomie bilden. Um diesen zweiten Sinn von Proudhons Werttheorie zu verstehen, müssen wir der ökonomisch-spekulativen Seite seiner Lehre einen Augenblick unsere Aufmerksamkeit widmen.

Die Wertlehre der Klassiker unterschied zwischen Gebrauchswert und Tauschwert, wobei sie ersteren als einen, einer bestimmten Gütergattung gleichmäßig zugehörenden und daher auch allen Benutzern in derselben Weise zufließenden Nutzeffekt auffaßte. Für die Erklärung des Tauschwertes ergab sich aus dieser Auffassung die Schwierigkeit, daß man freilich für jedes Gut, das einen Preis erlangt, einen Gebrauchswert voraussetzen mußte (ohne einen solchen hätte es niemand eintauschen wollen), daß aber die Höhe des Tauschwertes ohne jede Relation zu derjenigen des Gebrauchswertes zu stehen schien. Nach alltäglicher Beobachtung hatten Güter, denen man unzweifelhaft einen sehr hohen Gebrauchswert beimessen mußte, nur einen geringen Tauschwert und umgekehrt, Güter, denen man nur einen bescheidenen Gebrauchswert zuerkannte, einen sehr hohen Tauschwert (man denke an Diamanten). Bereits Ad. Smith warf dieses Problem auf.[3]) Bei ihm, wie bei Ricardo stand der Gebrauchswert ohne innere Verbindung mit dem Tauschwert, weshalb sich die Notwendigkeit ergab, diesen auf ein anderes Prinzip zurückzuführen, als welches die Arbeit dienen mußte. Ricardo leitet den Wert der Güter unter der Voraussetzung, daß sie Nutzbarkeit besäßen, aus zwei Quellen ab, ihrer Seltenheit und der Menge Arbeit, die erforderlich ist, um sie zu erlangen.[4])

Diese der klassischen Schule unerklärliche Divergenz zwischen der Bewegung des Gebrauchswertes und derjenigen des Tauschwertes, spitzt Proudhon, unter Benutzung der Hegelschen Dialektik zu einem eigentlichen Gegensatz, einer Antinomie zu. Wie Ricardo hält er zwar die Nützlichkeit einer Sache als die Voraussetzung dafür, daß sie Tauschwert gewinnen könne. Aber, so behauptet

---

[2]) A. a. O. S. 83.

[3]) Smith schreibt: „Dinge, die den größten Gebrauchswert haben, haben oft wenig oder keinen Tauschwert und umgekehrt haben andere oft den größten Tauschwert, aber wenig oder keinen Gebrauchswert. Nichts ist brauchbarer als Wasser, aber es läßt sich dafür kaum etwas kaufen, es läßt sich fast nichts dafür im Tausch erhalten, dagegen hat ein Diamant fast gar keinen Gebrauchswert und doch ist oft eine Masse anderer Güter dafür im Tausch zu haben." (Untersuchungen über das Wesen und die Ursachen des Nationalreichtums, deutsch von Stirner, Leipzig 1846 S. 41.)

[4]) Vgl. David Ricardo, Grundsätze der Volkswirtschaft und der Besteuerung, 1. Hauptstück, Vom Wert; deutsch v. Baumstark, Ausg. v. 1837 S. 2.

Proudhon, nicht nur widersprechen sich häufig der Grad der Nützlichkeit und die Höhe des Tauschwertes, was schon von den älteren Nationalökonomen erkannt worden sei, sondern sie bewegten sich in direkt entgegengesetzter Richtung. Wenn wir, um unsern Wohlstand zu vermehren, mehr produzieren, so wachse zwar unzweifelhaft der Gebrauchswert (von Proudhon auch „valeur en soi" genannt) mit der erhöhten Produktenmenge. Der Tauschwert (auch „valeur d'opinion") brauche hingegen nicht gleichfalls anzuwachsen, da die unvermeidliche Folge der Vermehrung der Güter deren Entwertung sei. So komme es, daß trotz erhöhter Anstrengungen und vergrößerter Produktion sich unser Wohlstand nicht vermehre.[5]) Die Vervollkommnung der Technik verursache ein stetes Anschwellen der Produktion, welches nach Proudhon beständig auf den Tauschwert drücke. Daraus entwickle sich ein unaufhörlicher Kampf zwischen diesem und dem Gebrauchswert.

Die Folgen dieser Antinomie des Wertes seien Handelskriege, Absatzstockungen, Stagnation, Einfuhrverbote, Exzesse der Konkurrenz, Monopolbildungen, Herunterdrücken der Löhne, Maximalpreistaxen, die drückende Ungleichheit der Vermögen, kurz, das Elend.[6])

Nach den Regeln Hegelscher Dialektik muß sich jede Antinomie in einer Synthese auflösen. Wäre also die höhere Einheit bekannt, folgert Proudhon, die Gebrauchswert und Tauschwert gleichermaßen in sich schlösse, so könnte eine Fixierung oder Tarifierung des Wertes gemäß dieser höheren Regel vorgenommen werden und die nachteiligen Folgen der heutigen Wertbewegung wären beseitigt.[7]) Dieser „absolute Wert", wie Proudhon die höhere Einheit auch nennt, bilde das Verhältnis, in dem sich jedes einzelne Gut zur Gesamtmasse des Reichtums befinde.[8]) Im Anschluß an Ad. Smiths Bemerkung, daß die Arbeit den wahren Maßstab des Tauschwertes bilde, bezeichnet er sie als die Kraft, welche die Elemente des Reichtums kombiniere und aus ihnen ein gleichartiges Ganzes mache.[9]) Die Arbeit, so meint er, bestimme die Verhältnismäßigkeit der Werte. Proudhon scheint damit sagen zu wollen, die Produkte sollten natürlicherweise im Verhältnis der auf sie

---

[5]) Contradictions économiques, t. II S. 36 ff. Proudhon gegenüber muß bemerkt werden, daß vor ihm schon Ricardo auf die entgegengesetzte Bewegung von Gebrauchswert und Tauschwert als Folge erleichterter Gütererzeugung verwiesen hatte. Vgl. Grunds. d. Volksw. u. Best. S. 293.

[6]) A. a. O. S. 45

[7]) S. 51.

[8]) **„La valeur est le rapport proportionnel selon lequel chacun de ses éléments (de la richesse) fait partie du tout"**, sagt er.

[9]) **„C'est le travail, le travail seul, qui produit tous les éléments de la richesse et qui les combine jusque dans les dernières molécules selon une loi de proportionnalité variable, mais certaine."** a. a. O. S. 55.

verwandten Arbeitsleistung ausgetauscht werden.[10]) Sogleich darnach wird ihm die Arbeit aber zur Ursache der Austauschbarkeit der Produkte. „Unterdrückt die Arbeit und es bleiben nur noch kleinere oder größere Brauchbarkeiten übrig, welche, des wirtschaftlichen Charakters und des menschlichen Zeichens entbehrend, unter sich unmeßbar sind, d. h. logisch nicht austauschbar.“[11])

Auf diesen Arbeitswert soll nach Proudhon der schwankende Tauschwert konstituiert werden. Er sei der Punkt, da Gebrauchswert und Tauschwert zusammentreffen, um zu verschwinden. In ihm, als der höheren Idee, der Synthese, hätten beide widerstreitenden Begriffe Platz und würden zu einem einzigen verschmelzen.[12])

Wer nun aber erwartete, daß uns Proudhon einen Plan entwickelt, wie er sich die Verwirklichung dieser Idee vorstellt, der wird enttäuscht. Über den wichtigsten Punkt läßt er uns im Dunkel. Wir müssen seine Gedanken aus gewissen Andeutungen erraten. Er nennt das Gold und das Silber die Waren, deren Wert zuerst zu ihrer Konstituierung gelangt sei,[13]) wohl aus dem Grund, weil durch Festsetzung des Münzgesetzes in Verbindung mit dem freien Prägerecht der Preis der Edelmetalle (Proudhon schrieb zur Zeit der französischen Doppelwährung), in Geld ausgedrückt, fest ist. Der Wert des Goldes und Silbers, so führt Proudhon aus, habe nichts willkürliches mehr, die beiden Edelmetalle seien keiner Entwertung mehr ausgesetzt, wie alle andern Waren. Diese erste Verwirklichung des Gesetzes der Verhältnismäßigkeit der Werte, dieser erste Akt ihrer Konstituierung, sei das Vorzeichen für die allgemeine Anwendung dieses Prinzips.[14])

Danach zu schließen, dachte sich Proudhon in jener Zeit eine gesetzliche oder amtliche Fixierung aller Werte nach Maßgabe der zu ihrer Herstellung notwendigen Arbeitszeit. Eine derartige Regelung hält er deshalb für möglich, weil der Arbeitswert ja das wahre Verhältnis jedes einzelnen Wertes zum Gesamtreichtum angebe. Der Idee nach handelt es sich also bei dieser Konstituierung des Wertes, die Proudhon in seinen späteren Vorschlägen fallen ließ, um das von Owen vertretene Prinzip des Arbeitstausches. Mit vollem Recht erhob daher Marx gegenüber Proudhon den Vor-

---

[10]) Diese Interpretation von Proudhons Lehre der Proportionalität der Werte halte ich für richtig, obwohl manche seiner Äußerungen auszudrücken scheinen, die Arbeit bestimme heute schon das Verhältnis der Produktwerte zueinander. Dieselben stehen in offenbarem Widerspruch zu seinen übrigen Auslassungen, sowie zur Lehre, daß der Arbeitswert konstituiert werden müsse.

[11]) Contradictions éc. S. 68.

[12]) A. a. O. S. 65.

[13]) S. 69.

[14]) S. 72.

wurf, sein Vorschlag sei nicht neu, sondern nur eine Kopie desjenigen von Bray, der die Ideen des Marx unbekannt gebliebenen Owen aufgenommen hatte.[15])

b) Bei Karl Rodbertus. (1805—1875.)

Hatte Proudhon eine staatliche Regelung des Wertsystems nicht ausdrücklich postuliert, da er sich wohl selbst über die Form der Verwirklichung seiner Idee noch nicht klar gewesen war, so wünscht der deutsche Sozialist Rodbertus, im Einklang mit seiner allgemeinen Staatsauffassung, ein System der Staatsleitung, das den Zweck verfolgte, durch eine gesetzliche Festlegung aller Werte eine dauernde Besserstellung der arbeitenden Klassen herbeizuführen.

In der heutigen Ordnung könnten die Besitzenden, denen Boden und Produktionsmittel gehörten, so führt Rodbertus aus,[16]) den Besitzlosen die Bedingungen vorschreiben, unter denen sie zu arbeiten hätten. Diese Bedingungen seien für die Arbeiter stets die denkbar ungünstigsten, die sich gerade noch mit ihrer Erhaltung und Fortpflanzung vereinbaren ließen. Die anzustrebende Erhöhung des Arbeitslohns über das Existenzminimum könne entweder durch Verminderung des Anteils der Besitzenden am Nationalprodukt erfolgen oder auch einfach dadurch, daß die Arbeiter ihren Anteil an der dauernden Steigerung der Produktivität der Arbeit erhielten, was beim heutigen System eben nicht der Fall sei. Dieser zweiten Lösung will Rodbertus durch seinen Vorschlag einen Weg weisen. Die Besitzenden sollen zwar ihren Anteil am Nationaleinkommen behalten, dieser solle sich aber bei wachsender Produktivität nicht mehr auf Kosten der Besitzlosen steigern können.

Würde, so meint Rodbertus, der Wert aller Produkte in Arbeitszeit festgesetzt, und der Anteil eines jeden mitwirkenden Faktors prozentual zum Gesamtwert ausgerechnet, so könnte er ein für allemal auf dieser Höhe festgehalten werden. „Erhält z. B. der Arbeiter ein Drittel des Produkts (zu dessen Herstellung eine Tagesarbeit notwendig war) als Lohn, so ist dieser ein Drittel seiner Tagesarbeit wert. Geschieht es nun, daß der Arbeitslohn unter allen Umständen für die Zukunft in dem Wert von einem Drittel Tagesarbeit festgehalten wird, so muß auch dieser ebenso zunehmen wie die Produktivität."[17]) Daß dem Arbeiter auch das seinem Anteil entsprechende Realeinkommen zufließe, dafür werde die allgemeine Regelung der Werte sorgen.

---

[15]) Karl Marx, Das Elend der Philosophie, S. 45 f.

[16]) In seinem Aufsatz, betitelt: Die Forderungen der arbeitenden Klassen, erschienen in der Sammlung: Zur Beleuchtung der sozialen Frage II. Teil (Schriften von Dr. Karl Rodbertus v. Jagetzow Bd. III, herausgegeben v. Ad. Wagner).

[17]) A. a. O. S. 221.

Folgende Maßnahmen sind nach Rodbertus notwendig, um eine solche Festlegung des Anteils einer jeden Klasse am Nationaleinkommen zu ermöglichen: „Eine gesetzliche Wertbestimmung aller Güter nach Arbeit, die sich von Zeit zu Zeit mit der Veränderung der Produktivität auch verändern müßte, jedoch würde dieselbe lediglich in bezug auf die Arbeit vorgenommen; dann die Kreierung eines, an diese Wertbestimmung sich eng anschließenden Papiergeldes, das alle Bedingungen eines Geldes erfüllen würde, da es nie in sich eine Veränderung seines Wertes erfahren könnte, bestimmt zur Löhnung der Arbeiter; drittens ein Magazinierungssystem, zu dem die Unternehmer gegen Aushändigung jenes Arbeitsgeldes gerne die Vorräte liefern, bestimmt zur Realisierung jenes Geldes."[18])

Durch die Magazinierung sollte offenbar der freie Handel ausgeschaltet werden, welche Maßnahme Rodbertus als eine Bedingung für die Durchführung des Arbeitswertsystems betrachtet zu haben scheint. Es ist dies die erste Neuerung gegenüber den Vorschlägen seiner Vorgänger, beruht doch bei Owen der Arbeitstausch noch auf Freiwilligkeit. Gegen Aushändigung des Papiergeldes, das die an der Produktion Beteiligten für ihre Mitwirkung erhalten hatten, könnten sie dann, ähnlich wie in Owens Arbeitsbank, die ihnen zukommenden Warenwerte empfangen.

Die bedeutendste Neuerung bei Rodbertus' Vorschlag liegt aber in der besonderen Berücksichtigung, welche die Arbeiter bei der Wertregelung finden sollen. Proudhon und Owen hatten allein an eine Regelung der Produktwerte nach Maßgabe der Arbeitsleistung gedacht, die allerdings den Zweck verfolgte, die Produzenten (unter welchen Arbeiter und Arbeitgeber begriffen sind) auf Kosten der Kapital- und Bodenbesitzer zu begünstigen, die aber die Entlöhnung der Arbeiter dem Belieben der Arbeitgeber anheimgestellt ließ. Weiter wird die, in Owens Arbeitsbank statthabende Einzelabschätzung der eingelieferten Waren bei Rodbertus durch eine allgemeine gesetzliche Regelung ersetzt, welche Idee, wie oben ausgeführt, auch diejenige Proudhons zu sein scheint. Abweichend von seinen beiden Vorgängern ist sodann die von Rodbertus vorgeschlagene Art der Wertbestimmung, indem die Mitwirkung von Boden und Kapital an der Produktion bei der Festsetzung der Werthöhe mitberücksichtigt werden soll (wenn auch gegenüber der Arbeit in reduziertem Maß). Dementsprechend soll den Eigentümern dieser Faktoren ein Einkommen bewahrt bleiben.

Wohl aber ist der Wunsch, die freie Preisbildung durch ein geregeltes Wertsystem zu ersetzen, das Geld als Tausch- und als Wertausdrucksmittel auszuschalten, der gemeinsame Gehalt der drei bisher betrachteten Systeme.

---

18) A. a. O. S. 222.

§ 4.

Kritik der Lehre vom Arbeitstausch und der Konstituierung des Wertes.

Der Preis oder die Zahl der im Tausch gegen ein Gut erhaltenen Geldeinheiten wird von Owen und Proudhon zum Wert in Gegensatz gebracht, dessen Maß die Arbeit abgebe. Bereits bei Ricardo finden wir diese Unterscheidung zwischen Wert und Preis vor.[1]) Er hatte aber behauptet, daß sich die relativen Güterpreise um den Wert der Güter als ihrem Stützpunkt bewegten und hatte des ferneren den Wert der Güter nur unter der Voraussetzung ihrer Vermehrbarkeit und des freien Wettbewerbs, sowie unter einem weiteren Vorbehalt, den Zins betreffend, durch den zu ihrer Erzeugung gemachten Arbeitsaufwand bestimmt sein lassen. Owen und Proudhon bestreiten demgegenüber eine solche Übereinstimmung mit dem Wert, der für sie reiner Arbeitswert geworden ist. (Bei Proudhon ist zu unterscheiden zwischen dem Tauschwert, der dem Preis entspräche und dem Arbeitswert, als dem synthetischen oder absoluten Wert). Wohl aber halten sie weiter an der Auffassung fest, daß dieser sog. Wert, der im Wirtschaftsleben fast nirgends mehr praktische Gestalt annimmt, die natürliche Tauschrelation abgebe. Daraus ziehen sie die Folgerung, daß unser Geldsystem und die auf diesem ruhende Preisbildung die Abweichungen der tatsächlichen Tauschbeziehungen von den, als natürlich vorausgesetzten, verschulde. Es ist von dieser Grundlage aus ihre Meinung begreiflich, das Geld- und Preissystem könne durch ein Arbeitswertsystem ersetzt werden.

Demgegenüber haben wir uns aber zu fragen, was denn zu der Annahme berechtige, daß dieser Arbeitswert die natürliche Tauschrelation bilde. Der Wert ist diesen Autoren unvermerkt zu einem abstrakten und unwirklichen Begriff geworden, zu einer Norm, der man ethische Bedeutung zuerkennen mag, die aber in der Theorie niemals als gegeben vorausgesetzt werden darf.

Um die Frage beantworten zu können, ob auf dem Boden unserer Wirtschaftsordnung der Tausch auf der Grundlage des Arbeitswerts organisiert werden könne, haben wir von folgendem auszugehen. Die Arbeit als solche wird niemals wertgeschätzt, sie kann als unproduktive Arbeit verausgabt sein. Nur produktive Arbeit ist wertschaffend. Das Problem der Wirtschaftsorganisation besteht eben in der Frage, welcher Mechanismus der beste sei, damit möglichst viel produktive und möglichst wenig unproduktive Arbeit geleistet werde. Wann ist nun die Arbeit produktiv? Diese

---

[1]) Vgl. Karl Diehl: Erläuterungen zu David Ricardos Grundsätzen der Volkswirtschaft und Besteuerung Bd. I S. 12f.

Frage können wir dahin beantworten: immer dann wird produktive Arbeit geleistet, wenn sie zur Befriedigung eines gesellschaftlichen Bedürfnisses aufgewandt wird, das mit solcher Intensität auftritt, daß seine Sättigung wichtiger erscheint, als diejenige anderer, weniger drängender Bedürfnisse. Dieser Satz bedarf einer näheren Erläuterung. Was ist unter gesellschaftlichem Bedürfnis zu verstehen? Ein abstraktes, allgemeines, gesellschaftliches Bedürfnis gibt es nicht, sondern nur Bedürfnisse der einzelnen Menschen und deren gesellschaftlicher Verbände, Staat, Gemeinde, Kirche usw., hinter denen auch wieder tatsächliche Bedürfnisse der diese Gemeinschaften bildenden Menschen stehen. Die Gesamtheit aller Bedürfnisse kann füglich als unbegrenzt angenommen werden, wogegen auf jedes einzelne für sich in aller Regel das bekannte Gossensche Gesetz Anwendung findet, daß es bei zunehmender Sättigung an Intensität abnehme. Wegen der Knappheit der Mittel muß aber unter der Gesamtheit aller Bedürfnisse eine Auslese derjenigen stattfinden, die zur Befriedigung kommen sollen.

In einer kommunistischen Ordnung geschieht diese Auslese für jeden einzelnen autoritativ durch die Zentralbehörde. In der individualistischen Wirtschaftsordnung hingegen, die gekennzeichnet ist durch die wirtschaftliche Selbstverantwortlichkeit des einzelnen und weiter durch die mit ihr zusammenhängende wirtschaftliche Freizügigkeit einerseits, die Freiheit des Konsums anderseits,[2]) vollzieht jedes Wirtschaftssubjekt für sich die Auslese seiner zur Befriedigung gelangenden Bedürfnisse nach Maßgabe der ihm zur Verfügung stehenden Deckungsmittel. (In der Geldwirtschaft bestehen letztere in einer als Einkommen jedem Wirtschaftssubjekt zufließenden Geld- oder Wertsumme.) Und zwar werden die Wirtschaftssubjekte die Auslese so vornehmen, daß sie den höchsten, mit der verfügbaren Einkommenssumme zu erreichenden Gesamtnutzen erzielen. Zu diesem Behuf muß die Befriedigung einer jeden Bedürfnisart dort abgebrochen werden, wo diejenige von Bedürfnissen anderer Art einen größeren Nutzen verspricht, oder, anders ausgedrückt, die Sättigung darf in keiner Bedürfnisart unter den, von der Einkommenshöhe eines jeden Wirtschaftssubjekt abhängigen Grenznutzen herabgehen. Dieses Resultat wird dadurch herbeigeführt, daß sämtliche zu Konsumtivzwecken verfügbaren Geldeinheiten nach dem Maße des Grenznutzens komputiert werden.[3])

---

[2]) Über die grundlegenden Freiheitsrechte der individualistischen Wirtschaftsordnung gegenüber den in der sozialistischen Lehre vertretenen Rechtsgrundsätzen orientiert das Büchlein von L. Pohle, Kapitalismus und Sozialismus, Leipzig 1920.

[3]) Vgl. über die Regeln der Nutzkomputation Fr. v. Wieser, Theorie der gesellschaftlichen Wirtschaft i. Grdr. d. Soz. Bd. I S. 191 ff.

Unter *gesellschaftlichem* Bedürfnis haben wir nun die Gesamtheit aller Individualbedürfnisse der einzelnen sowohl als der Gesellschaftsverbände zu verstehen. Für die Begrenzung der gesellschaftlichen Bedürfnisse hat derselbe Grundsatz maßgebend zu sein, wie für die Bedürfnisse des einzelnen, daß, bevor minderwichtige Bedürfnisse gedeckt werden, zuerst alle wichtigeren befriedigt sein sollen. Produktiv ist nun nach unserer Definition solche Arbeit, welche der Deckung jener gesellschaftlichen Bedürfnisse dient, die wirtschaftlicherweise noch befriedigt werden dürfen.

Wie wird aber für die gesamte Volkswirtschaft die Wichtigkeit der Bedürfnisse bestimmt, die innerhalb jeder Einzelwirtschaft durch die Nutzenschätzung nach obigem Prinzip gefunden wird? Will man dem einzelnen die freie Konsumwahl lassen, so gibt es nur das Mittel, hinlänglich hohe Preise auf die Güter zu setzen, um eine Auslese unserer gesellschaftlichen Bedürfnisse herbeizuführen. „Die Preisbildung hat die sozialökonomische Aufgabe", sagt Cassel sehr richtig, „die Ansprüche auf Güter soweit zu beschränken, daß sie mit den zur Verfügung stehenden Mitteln befriedigt werden können".[4]) Da die jedem einzelnen Wirtschaftssubjekt zum Zwecke der Bedürfnisbefriedigung zur Verfügung stehende Geldsumme beschränkt ist, ist der Grad, bis zu welchem dieselbe vorgerückt werden kann, durch die Höhe der Marktpreise bestimmt. Diese werden daher so hoch angesetzt sein müssen, um alle jene Begehrungen auszuschließen, die bei gegebenem Gütervorrat nicht mehr befriedigt werden können. Die Größe der Kaufkraft, die ein jeder Kauflustige für die Befriedigung eines bestimmten Bedürfnisses letzten Endes aufzuwenden bereit ist, bestimmt also in der Tauschwirtschaft dessen relative Wichtigkeit. Diese Auslese ist nun aber bedingt durch die Einkommensverteilung, da die Bezieher großer Einkommen die Deckung der Bedürfnisse eben viel weiter vorschieben können, als diejenigen kleiner Einkommen. Man wird füglich behaupten können, die auf Grund des tauschwirtschaftlichen Prinzips vorgenommene Ausscheidung der zur Sättigung gelangenden gesellschaftlichen Bedürfnisse entspreche um so vollkommener der wirklichen Rangordnung derselben, je gleichmäßiger die Einkommensverteilung ist.

In einer kollektivistischen Ordnung wird die Zentralbehörde für eine möglichste Anpassung der Produktion an den gesellschaftlichen Bedarf besorgt sein. Sie wird die Preise nach obigem Grundsatz im Zusammenhang mit der Knappheit der Mittel nach der Stärke des Begehrs zu richten haben und dadurch für die Einteilung der Produktion eine klare Richtschnur erhalten. Für die erwerbswirtschaftliche Produktionsweise, in der eine derart autoritative Regelung der Gütererzeugung fehlt, besteht jedoch die Frage,

---

[4]) G. Cassel, Theoretische Sozialökonomie, Leipzig 1919 S. 54.

auf welche Weise die Anpassung an den Bedarf sich vollziehe, mit andern Worten, welcher Umstand bewirke, daß unproduktive Arbeit möglichst ausgeschaltet werde. Es kann unmöglich à priori angenommen werden, daß alle geleistete Arbeit produktiv sei, denn was sollte die in ihren Handlungen freien Wirtschaftssubjekte veranlassen, ohne äußeren Druck solche und keine andere Arbeit zu leisten? Ein solcher Druck besteht nun eben in dem selbsttätigen Mechanismus der Preisbildung.

Je höher zufolge starker Konkurrenz unter den Kauflustigen der Preis eines Gutes ansteigt, einen um so stärkeren Anreiz bildet er für die Produzenten, gerade dieses Gut und kein anderes zu erzeugen. Desgleichen wird der erhöhte Arbeitslohn die Arbeiter veranlassen, ihre Arbeitskraft mit Vorliebe hier zu verwerten. Das allgemeine Ertragsstreben und die dadurch hervorgerufene Tendenz zum Ausgleich der Grenzerträge[5]) hat die größtmögliche Anpassung der Produktion an die gesellschaftlichen Bedürfnisse zur Folge. In unserer, zum Monopol neigenden Wirtschaft, wirken der Ausgleichstendenz und damit der Anpassung die vielen Monopolstellungen entgegen, die jedoch selten absolute sind. Richtig bleibt auch noch für unsere Zeit der Satz, daß erst der Preis über die Verwendung solcher Güter höherer Ordnung entscheide, die mehrfache Verwendungsarten zulassen. Zu diesen gehört aber vor allem die Arbeit. Indem sie sich den am höchsten bezahlten, den höchsten Ertrag abwerfenden Verwendungsarten zuwendet, sorgt sie für die Anpassung der Produktion an die nach beschriebenem Verfahren geordneten gesellschaftlichen Bedürfnisse. Was Owen, Proudhon und selbst Rodbertus in ihren bezügl. Wertlehren oder praktischen Vorschlägen voraussetzten, daß die geleistete Arbeit auch den gesellschaftlichen Bedürfnissen entspreche, daß sie produktive Arbeit sei, kann in der Verkehrswirtschaft erst als Folge der freien Preisbildung eintreten.

---

[5]) Neuestens wählte Liefmann gerade dieses Ertragsstreben und den dadurch bewirkten Ausgleich der Grenzerträge zum Ausgangspunkt seiner interessanten Preislehre. Den Satz vom Ausgleich der Grenzerträge will er auch auf die Konsumwirtschaft anwenden (Robert Liefmann, Grundsätze der Volkswirtschaftslehre, Stuttgart 1917—1919 Bd. I S. 397 ff.). Es ist dies eigentlich nur eine andere Formulierung des Wieserschen Gesetzes der Nutzenkomputation. Wiesers Formulierung scheint mir deshalb die bessere zu sein, weil sich die Grenzkonsumerträge tatsächlich auf null ausgleichen. Da ich die als Einkommen mir zugehende Geldsumme ja nach dem Grenznutzen der Güter schätze, die ich dafür zu beschaffen im Sinne habe, ich aber jedes Bedürfnis soweit befriedige, daß sich die Grenznutzen ausgleichen, so wird der Grenznutzen der bezogenen Geldsumme gleich demjenigen der beschafften Güter, d. h. der Grenzertrag wird null.

Wohl aber spielt der Ausgleich der volkswirtschaftlichen Grenzerträge in den verschiedenen Berufsgattungen für die Organisation der Tauschwirtschaft eine bedeutende Rolle, nur wird man mehr von einer Tendenz als von einem tatsächlichen Ausgleich sprechen müssen.

Bereits Karl Marx hat dies in seiner Polemik gegen Proudhon erkannt. Er führte aus: „Es ist nicht der Verkauf irgendeines Produkts zu seinem Kostenpreis, der das Proportionalitätsverhältnis von Angebot und Nachfrage, d. h. die verhältnismäßige Quote dieses Produkts gegenüber der Gesamtheit der Produktion konstituiert, sondern es sind vielmehr die Schwankungen von Angebot und Nachfrage, die den Produzenten die Menge angeben, in welcher eine gegebene Ware produziert werden muß, um im Austausch wenigstens die Produktionskosten erstattet zu erhalten, und da diese Schwankungen beständig stattfinden, so herrscht auch eine beständige Bewegung in Anlegung und Zurückziehung von Kapitalien in den verschiedenen Zweigen der Industrie."[6])

Wir haben bisher dargelegt, daß in einer auf Privateigentum beruhenden Produktionsweise erst die freie Preisbildung die Arbeiter veranlassen könne, produktive Arbeit zu leisten. Darüber hinaus entsteht aber die zweite Frage: Angenommen es werde ohne weiteres nur produktive, d. h. im Einklang mit den gesellschaftlichen Bedürfnissen stehende Arbeit geleistet, könnte sich dann der Tauschwert der Produkte nach der zu ihrer Erzeugung erforderlichen Arbeitszeit richten, wäre also unter dieser, tatsächlich nicht vorhandenen Voraussetzung eine Konstituierung des Wertes im Sinne Proudhons möglich. Diese, weder von Karl Marx, noch von den neuesten Kritikern der tauschsozialistischen Idee aufgeworfene Frage darf nicht nur ein akademisches, sondern muß auch ein eminent praktisches Interesse beanspruchen. Wird sie nämlich bejaht, so genügt es, daß eine Zentralbehörde über die gesamte Produktion verfügen kann und diese in ständigem Einklang mit der gesellschaftlichen Nachfrage erhält, um eine Konstituierung des Wertes nach Maßgabe der Arbeit zu ermöglichen. Wird sie verneint, so wird auch eine derart organisierte Wirtschaft, die wir als kollektivistische bezeichneten, ein auf Arbeit allein basiertes Wertsystem nicht durchführen können.

Die Meinung, der Wert der Güter könne nach Maßgabe der auf ihre Erzeugung verwandten Arbeitszeit, event. noch unter Berücksichtigung der Intensität der Arbeitsleistung konstituiert

---

[6]) Diese zu Proudhons Werttheorie gemachte Äußerung steht im Widerspruch zu der von Marx selbst im ersten Band des „Kapital" vertretenen Wertlehre, sagt er doch dort gerade wie Proudhon: „Ein Gebrauchswert oder Gut hat nur einen Wert, weil abstrakt-menschliche Arbeit in ihm vergegenständlicht oder materialisiert ist" (S. 4), fügt dann später allerdings hinzu, die Arbeit sei nur insofern wertbildend, als sie „gesellschaftlich notwendige Arbeit" darstelle. Nach der weiter unten folgenden Definition wäre darunter solche Arbeit zu verstehen, die unter normalen, gesellschaftlichen Produktionsbedingungen und mit durchschnittlicher Geschicklichkeit und Intensität ausgeführt wurde. Sollte aber unter „gesellschaftlich notwendiger Arbeit" das zu verstehen sein, was wir produktive Arbeit nannten, so bedeutete dies die Aufhebung seiner Wertlehre, denn dann wäre zugestanden, daß der Wert nicht von der Arbeit, sondern von der Wertschätzung abhängt.

werden, beruht auf der irrtümlichen Annahme, die Arbeit bilde das einzige Kostengut, den einzigen Produktionsfaktor, der knapp sei und mit dem man daher wirtschaften müsse. Wäre diese Annahme richtig, so müßte sich auch in der Tauschwirtschaft, insoweit freier Wettbewerb herrscht und als Folge der Tendenz zum Ausgleich der Erträge, der Wert auf die Dauer und im Durchschnitt relativ zum Arbeitsaufwand einstellen. Nun sehen wir aber, daß tatsächlich nur eine äußerst geringe Güterkategorie vom Faktor Arbeit allein abhängt, nämlich nur jene Güter oder Leistungen, zu deren Hervorbringung weder Boden (wenigstens kein knapper Boden) noch sonstige knappe Naturmaterialien, noch in irgendwie erheblichem Maße Kapital (im Sinne einer Wertsumme) verwandt wird. Tatsächlich ist denn auch diese Annahme nicht so sehr der Ausdruck wirtschaftstheoretischer Erkenntnisse, als vielmehr eine unzulässige Übertragung ethischer Überzeugungen auf das Gebiet der Wirtschaftstheorie. Weil man aus ethischen Beweggründen zur Auffassung gelangt ist, daß beim Kauf irgendwelcher Güter allein die Arbeit bezahlt werden sollte, darum stempelte man die Arbeit zum einzigen Kostenfaktor.

Bereits Ricardo, der von den Anhängern der Arbeitswertlehre gerne als Kronzeuge angerufen wird, schied ausdrücklich die Seltenheitsgüter aus seinem Preisgesetz aus. Zu diesen zählen aber die knappen Naturmaterialien, seltene Gesteine, Erze, wertvolle Stoffverbindungen usw., ferner besonders vorteilhafte und begrenzt vorkommende Naturkräfte. Als weiteres Kostengut und daher als preisbestimmender Faktor kommt der Boden hinzu, sobald er anfängt, knapp zu werden und zwar braucht es keine absolute Knappheit zu sein, sondern nur eine relative, in bezug auf Lage oder Qualität. Dazu kommt als dritter Faktor das Kapital hinzu. Daß und weshalb das Kapital Kostenfaktor ist, wird unten näher zu erörtern sein.[7]) Hier sei bemerkt, daß bereits Ricardo diesen Faktor in seinem Preisgesetz berücksichtigte, wenn auch in durchaus unzulänglicher Weise.[8])

---

[7]) Siehe Näheres unten § 15.

[8]) Sein Wertgesetz, daß die Arbeit das Maß für den relativen Tauschwert der Güter abgebe, wird nach Ricardo durch die Anwendung von Kapital (im Sinne der produzierten Produktionsmittel) nur dann modifiziert, wenn dasselbe in den fraglichen Gewerben von verschiedener organischer Zusammensetzung (in einem Gewerbe mehr stehendes, in einem andern mehr umlaufendes Kapital) oder doch von verschiedener Dauerhaftigkeit ist, da ja der Wert der Mittelsgüter, d. h. die auf deren Erzeugung verwandte Arbeit in den Wert der Produkte eingehe. Liegt aber aus dem ersten oder zweiten Grund ein verschieden rascher Umschlag des Kapitals vor, so werde die Höhe des Arbeitslohns und des Kapitalgewinns auf den Wert von Einfluß. „Außer der Veränderung im gegenseitigen Tauschwert der Güter, welche durch die größere oder geringere gegenseitige Hervorbringungsarbeit verursacht wird, sind sie auch noch Schwankungen zufolge einer Erhöhung des Arbeitslohns und der daraus hervorgehenden Erniedri-

Genug, wenn wir begreiflich machten, daß die Arbeit nicht das einzige Kostengut ist, daß neben ihr noch andere, ursprüngliche Faktoren zu berücksichtigen sind und daher auch das Wertsystem unmöglich allein auf Arbeit zurückgeführt werden kann. Wir können nun obige Frage dahin beantworten, daß auch dann, wenn von selbst, d. h. ohne Druck durch die Preisbildung allein produktive Arbeit geleistet würde, sich der Tauschwert der Güter und Nutzungen unmöglich nur nach der zu ihrer Erzeugung notwendigen Arbeitsleistung richten könnte. Das bedeutet aber, daß auch eine kollektivistische Wirtschaftsorganisation die übrigen Kostenfaktoren ebenso zu berücksichtigen hätte, wie es der Preisbildungsprozeß in der Tauschwirtschaft selbsttätig tut und daß ein Arbeitswertsystem, wie es von Owen und Proudhon vorgeschlagen wurde, auch dann nicht durchgeführt werden könnte, wenn der geschaffenen, zentralen Tauschorganisation die Verfügung über die gesamte Produktion überwiesen würde.[9]) Die Nichtbeachtung der andern, neben der Arbeit bestehenden Kostenfaktoren ist der zweite, schwerwiegende Irrtum unserer Autoren.

Es dürfte sich empfehlen, mit einigen Worten auf die von Rodbertus gemachten Vorschläge zurückzukommen, da er darin die Faktoren Boden und Kapital nicht ganz unberücksichtigt läßt. Dieselben sind aber deshalb ebenso unhaltbar, wie diejenigen seiner Vorgänger, weil die von ihm vorgesehene Wertregelung ohne jeden Zusammenhang mit der Knappheit der Produktionsfaktoren vorgenommen werden soll. Weiter verstößt die Festlegung des Anteils eines jeden mitwirkenden Faktors gegen das Ertragsstreben und den dadurch bewirkten Ausgleich der Arbeits- und Kapitalerträge der verschiedenen Berufe. Verändern sich in einem Gewerbe die Produktionsmethoden und damit die organische Zusammensetzung der verschiedenen Faktoren, so würde durch die gesetzliche Festlegung der Quote, welche der Arbeiterschaft zufallen soll, der

gung des Gewinnstes unterworfen, wenn die stehenden Kapitalien, die angewendet werden, entweder von ungleichem Tauschwert oder von ungleicher Dauerhaftigkeit sind" (David Ricardo a. a. O. S. 24). Der Mangel dieser Theorie besteht vor allem darin, daß neben der Arbeit die Profitrate resp. seine relative Höhe zum Lohn als Kostenfaktor erscheint. Der Zins ist aber selbst kein Kostenfaktor, ebensowenig wie der Lohn, sondern der Preis eines solchen.

[9]) Ich halte diese Folgerung für unabweisbar. Ein jeder Versuch, den Wert auf die Arbeit zu basieren, die Preisbildung auszuschalten, würde nicht nur, wie von Dolléans und Aucuy richtig angenommen wird, eine kollektivistische Ordnung bedingen, sondern müßte zur Aufhebung der freien Konsumtionswahl, zu einer autoritativen Beschränkung der Bedürfnisse führen. Es sind demnach auch die, von Rodbertus, Pecqueur und anderen Vertretern des Sozialismus formulierten Vorschläge zu einem kollektivistischen Zukunftsstaat, die ein solches Arbeitswertsystem vorsehen, logisch unhaltbar.

Arbeitslohn möglicherweise sehr hoch über oder auch unter den Durchschnitt zu stehen kommen. Das Zuströmen oder die Abwanderung der Arbeiterschaft müßte die Regelung durchbrechen, soll nicht die freie Verwertung der Arbeitskraft aufgehoben werden. Das Kapital hingegen wäre nur für solche Änderungen in den Produktionsmethoden zu haben, welche ihm trotz gleichbleibender Quote am Gesamtertrag zum mindesten denselben prozentualen Anteil gewährleisteten. Wichtige Möglichkeiten blieben ungenutzt, während minder produktive Neuerungen eingeführt würden. Weiter erscheint eine dauernde Festlegung des Bodenertrags und der Grundrente als ausgeschlossen. Rodbertus hat seine Vorschläge ohne Kenntnis der tauschwirtschaftlichen Zusammenhänge vom juristischen Standpunkt aus formuliert.

§ 5.

P. J. Proudhons Ideen zu einer Geld- und Kreditform.

a) Seine Lehre der Gegenseitigkeit im Tausch.

Wir haben den doppelten Charakter von Proudhons Wertlehre hervorgehoben, denjenigen der ökonomischen Theorie und den andern des wirtschaftspolitischen und sozialen Ideals. Was für seine Wertlehre gilt, ist auch richtig für seine übrigen Theorien. Überall begegnen wir einer Vermengung der zwei Betrachtungsweisen, der auf das Seinsollen gerichteten mit der Analyse des bestehenden Wirtschaftslebens. Seine erste Schrift über das Eigentum behandelt die Frage der Berechtigung desselben von naturrechtlichen und metaphysischen Gesichtspunkten aus. Sozialökonomische Betrachtungen finden sich dazwischen gestreut, treten aber stark zurück, verkündet Proudhon doch gleich zu Beginn „Je demande la fin du privilège, l'abolition de l'esclavage, l'égalité des droits, le règne de la loi. Justice, rien que justice, tel est le résumé de mon discours.“[1])

Verhängnisvoll jedoch wurde ihm seine Unfähigkeit, die sozialökonomischen Zusammenhänge als selbständiges Problem zu

[1]) Qu'est-ce que la Propriété? 1er mémoire sur la propiété. S. 15. Paris 1841. Rudolf Mattfeldt, dessen Abhandlung erst nach Abschluß vorliegender Arbeit in meine Hände kam, scheint mir die nationalökonomische Bedeutung Proudhons doch erheblich zu überschätzen, wenn er dessen ethische Forderungen an die wirtschaftlichen Beziehungen der Menschen untereinander als Ausfluß einer bestimmten theoretischen Erfassung der wirtschaftlichen Zusammenhänge glaubt betrachten zu dürfen (Rud. Mattfeldt: P. J. Proudhons Theorie des Kapitals und sein soziales Kreditsystem, Zürcher Diss. S. 11 f.). Schon in historischer Beziehung gehen Proudhons Schriften mehr ökonomischen Inhalts solche rechtphilosophischen Inhalts voran und in den ersteren vermengen sich die beiden Gesichtspunkte fortwährend. Es scheint mir vielmehr, daß Proudhon erst von seiner ethischen Erfassung der Wirtschaft aus zu ihrer kausalen Betrachtung vordrang, zu der ihm dann aber die nötige Unvoreingenommenheit fehlte.

betrachten, unbeschadet ihrer ethischen Bewertung, bei Behandlung der Tauschgesetze. Statt einer Erklärung der Preis- und Einkommensbildung in der Verkehrswirtschaft, gibt er uns ein ethisches Prinzip, die Gegenseitigkeit im Tausch und betrachtet nun den Tauschprozeß daraufhin, ob sich dieses Prinzip in ihm verwirkliche. Trifft dies nicht zu, so werden die betreffenden Institutionen verdammt. Dabei passiert Proudhon noch das weitere Ungeschick, daß ihm das, was er als gerecht, das heißt dem Prinzip der Gegenseitigkeit konform erachtet, auch als das Natürliche erscheint, sagt er doch „ce qui est juste, à plus forte raison est utile, ce qui est utile, à plus forte raison est vrai.“[2]) So wird ihm der gerechte Tausch unvermerkt zum Grundsatz des Wirtschaftslebens. Was erklärt werden muß, sind nun nicht mehr die tauschwirtschaftlichen Zusammenhänge, sondern die Abweichungen vom angenommenen Grundgesetz.

Welches ist der Inhalt seiner Lehre der Gegenseitigkeit im Tausch? Er faßt dieses Prinzip in die Worte zusammen: Tu andern, was du willst, was man dir tue, was in die nationalökonomische Ausdrucksweise übersetzt, heißen soll: Produkte werden gegen Produkte ausgetauscht.[3]) Der etwas unklare Sinn dieser Regel soll wohl sein, für eine Leistung gebühre eine gleichgroße Gegenleistung, oder auch, Vorteile und Einnahmen aus dem Tauschprozeß, denen keine entsprechende Gegenleistung gegenüberstehe, seien ungerechtfertigt. Doch was haben wir als Leistung im Sinne Proudhons zu verstehen, nur Arbeit? Seine Wertlehre läßt uns diese Meinung als die zutreffende erscheinen. Wir haben aber bereits darauf hingewiesen, daß nicht jede Arbeit als wirtschaftliche Leistung betrachtet werden kann. Anderseits gibt es aber auch noch andere Arten von Leistungen, wenn wir nämlich darunter Fürsorge für künftige Bedürfnisbefriedigung verstehen. Das Sparen und die Kapitalbildung wären, zusammen mit der Tätigkeit des Erfinders oder Organisators zu erwähnen. Ein objektives Merkmal, ob eine Leistung vorliegt oder gar, wie hoch sie zu bewerten sei, gibt es nicht, es entscheidet darüber in der Tauschwirtschaft erst die Preisbildung.

Ein Beispiel für die Sophismen, in welche uns diese Betrachtungsweise führt, bildet die berühmte Zinsdiskussion zwischen Proudhon und Bastiat, auf welche bereits Pareto als ein Muster von Verwechslungen der ethischen mit der wirtschaftstheoretischen Betrachtungsweise hingewiesen hat.[4])

Das sozialökonomische Zinsproblem ist die Frage nach der tauschwirtschaftlichen Ursache der Tatsache, daß für die Benutzung von Kapitaldisposition ein Preis bezahlt werden muß. Ob das pri-

[2]) A. a. O. S. 122.
[3]) Organisation du crédit et de la circulation, Paris 1848.
[4]) W. Pareto: Les systèmes socialistes t. I., S. 353 ff.

vate Zinseinkommen von gesellschaftlichen Gesichtspunkten aus als gerechtfertigt erscheint oder nicht, ist eine Frage für sich, über die man im guten Treuen verschiedener Meinung sein kann und deren Beantwortung daher auch in verschiedenen Zeitepochen verschieden ausfallen wird. In der fraglichen Zinsdiskussion wurde nicht die Ursache des Kapitalzinses besprochen, sondern die Frage nach der Rechtmäßigkeit des Zinses (légitimité de l'intérêt), wobei Proudhon den Beweis zu erbringen versuchte, daß dem Zinsnehmen keine Gegenleistung gegenüberstehe und der Zins daher einen Verstoß gegen das Prinzip der Gegenseitigkeit bedeute. Besonders typisch ist der fünfte Brief, in welchem unser Autor ausführt, eine Institution könne gut, gerecht, wahr in einer Zeit, falsch, ungerecht und verbrecherisch in einer andern sein. Ursprünglich habe der Zins die gerechtfertigte Gegenleistung für die mit hohem Risiko verbundene Prestierung von Kapital zu Schiffahrtsunternehmungen dargestellt und in der Teilung des Gewinns bestanden, heute, da er verallgemeinert, sei er ein festes und durchaus sicheres Einkommen, zu dem die Gegenleistung fehle.[5] Dabei hat Proudhon die ihm unterlaufene Verwechslung von reinem Zins und Risikoprämie nicht beachtet. Bastiat dagegen sucht in der Dahingabe des Kapitals, die dem Darlehensnehmer dessen Gebrauch und die damit verbundenen Vorteile verschaffe, den Gegendienst und die Rechtfertigung des Zinses. Als er sich schließlich von Proudhon überzeugen ließ, daß die Besitzenden eben deswegen ausliehen, weil sie selbst die Güter nicht entbehrten, daß daher mit der Darlehensgewährung gar kein Opfer verbunden sei, verlegt er sich darauf, das zu entschädigende Opfer in der Kapitalbildung zu suchen.

Aufgabe der Wirtschaftstheorie ist nur die Erklärung dafür, weshalb auf eine bestimmte Leistung ein Preis von bestimmter Höhe gelegt wird, nicht aber die Entscheidung der Frage, ob eine Leistung von ethischen oder gesellschaftlichen Gesichtspunkten aus betrachtet richtig entschädigt sei.

Das Prinzip der Gegenseitigkeit denkt sich Proudhon je nach der Fortgeschrittenheit seines Denkens in verschiedener Weise verwirklicht. Die erste Form stellt seine, oben gewürdigte Lehre von der Konstituierung des Wertes dar. Sie bildet die folgerichtigste Lösung, hatte Proudhon doch in der ersten Eigentumsschrift die Gleichheit der Löhne und der Existenzbedingungen für alle als den natürlichen Zustand der Gesellschaft gefordert. Nachher jedoch verzichtete Proudhon auf diesen, der näheren Ausführung noch bedürftigen Vorschlag, vielleicht weil er selbst seine Schwächen einsah, vielleicht auch aus Antipathie gegen den zu seiner Durchführung erforderlichen staatlichen Apparat.

---

[5]) Intérêt et Principal Discussion entre M. Proudhon et M. Bastiat, Paris 1850, S. 74 ff.

Anstatt dessen erwächst aus seinen geld- und kreditpolitischen Lehren das Projekt der Tauschbank. Diese Wendung bildet keine Absage an die früheren Ideen, sondern nur eine Fortbildung derselben. Die Abweichungen vom Prinzip der Gegenseitigkeit können nach Proudhon, da er sie ja nicht aus dem Wesen des tauschwirtschaftlichen Prozesses überhaupt ableitet, sondern eben aus dem Umstand, daß sich die in der Gegenseitigkeit offenbarende Idee im Wirtschaftsleben noch nicht durchgesetzt habe, nur auf besondere Machtverhältnisse zurückgehen, deren Wurzel es eben gilt aufzudecken. Schon in seiner ersten Schrift über das Eigentum betrachtet Proudhon dieses als ein Machtverhältnis, das dem Eigentümer gestatte, den Arbeiter der Frucht seiner Tätigkeit zu berauben.[6]) Es sei dies die eine Seite des Eigentums, das noch eine Reihe weiterer Inhalte aufweise. Dieses Machtverhältnis hat er mit seinem berühmten Ausspruch im Sinn: „la propriété c'est le vol", während er das Besitzrecht, die andere Seite des Eigentums, gegen die Kommunisten verteidigt.[7])

Wo liegen nun die Wurzeln dieses Machtverhältnisses? Unter allen Kapitalien, so führt unser Autor aus, welche ihren Besitzern erlauben unter dem Namen Zins, Pacht, Diskont, vom Produkt des Arbeiters eine Abgabe zu erheben, sei das wichtigste das Geld, da sie alle auf dem Markt in Geldform angeboten und gehandelt würden.[8]) Die Edelmetalle, meint er später, übten in unserer Wirtschaftsverfassung eine Art Alleinherrschaft aus. Jeder Produzent, der sich ihre unbeschränkte Zahlkraft verschaffen wolle, zu der ihm vernünftigerweise sein produziertes Fabrikat verhelfen sollte, sei gezwungen, sich Geld gegen seine Waren einzutauschen. Man müsse also das Königtum des Geldes niederreißen, dann sei das ganze System der ökonomischen Widersprüche getroffen.[9]) Die Meinung, in den Edelmetallen, d. h. ihrer Benutzung als Geld, sei die Machtstellung des Eigentums im Tauschprozeß verankert, bildet das Korrelat zu der früheren Lehre, welche sie als das erste Beispiel des konstituierten Wertes bezeichnete. Durch ihre Konsti-

---

[6]) Er sagt: „La propriété est le droit d'aubaine que le propriétaire s'attribue sur une chose, marquée par lui de son seing." (Qu'est ce que la Propriété? S. 122). Und weiter unten nennt er es „le droit de jouir et de disposer à son gré du bien d'autrui, du fruit, de l'industrie et du travail d'autrui." S. 131.

[7]) Klar drückt er sich aus, „La possession individuelle est la condition de la vie sociale, cinq mille ans de propriété le démontrent. La propriété est le suicide ce la société, la possession est dans le droit. Supprimez la propriété en conservant la possession." (a. a. O. S. 229.) Sein Freiheitsdrang machte ihn zu einem der heftigsten Gegner aller Arten von Besitzsozialismus, d. h. von Sozialismus im engeren Sinn.

[8]) Solution du problème social. S. 178 ff.

[9]) Résumé de la question sociale, „Banque d'echange. Paris 1859. S. 34.

tuierung meint Proudhon, hätten die Edelmetalle ihre Macht gegenüber allen andern Produkten erlangt.[10])

Durch Beseitigung dieses, im Gelde begründeten Machtverhältnisses würde, dahin ging Proudhons Auffassung, die natürliche Tauschrelation hergestellt. Das Prinzip der Gegenseitigkeit brauchte darnach gar nicht durch eine Konstituierung des Wertes in Arbeit verwirklicht zu werden. Wenn durch Brechung der Machtstellung des Eigentums die als Anomalie betrachteten Abzüge vom Arbeitsertrag könnten beseitigt werden, so wäre dem Prinzip Genüge getan. Eine derartige Lösung böte den Vorteil eines besonderen staatlichen Apparates zur Durchführung entbehren zu können. Allerdings muß dabei auf das Postulat der Gleichheit der Löhne und der Existenzbedingungen verzichtet werden. Dasselbe ist denn auch in seinen kreditpolitischen Schriften nicht mehr erwähnt.

Der Verwirklichung des Prinzips der Gegenseitigkeit soll die Entfernung der Edelmetalle aus ihrer privilegierten Stellung als Geld dienen, an ihre Stelle soll die direkte Austauschbarkeit der Produkte treten. Wenn die Produkte zu Geld erhoben würden, meint er, so erhielten die Produzenten eine unmittelbare Kaufkraft und würden dadurch vom Geldbesitzer unabhängig. Des Zwangs enthoben, ihre Produkte gegen Geld auszutauschen, müßten sie sich keinen Abzug mehr gefallen lassen. Außer der Beseitigung der Zinsenbelastung erwartet Proudhon von der Tauschreform auch die Überwindung der Wirtschaftskrisen und eine außerordentliche Steigerung der Produktion,[11]) welche Auffassung allen Tauschsozialisten gemein ist. Arbeitskraft, sagt er, sei unbeschränkt vorhanden, aber durch die Abhängigkeit vom Geldbesitzer verhindert, sich voll auszuwirken. Der Mangel an Geld sei ein Hindernis des Absatzes und damit der Produktion. Auf letztere Idee wird die Geld- und Kreditkrise von 1848, welche den Handel in Unordnung und die

[10]) Bereits im zweiten Band seines Werkes, Contradict. éc. führt Proudhon aus „L'or et l'argent, c. a. d. la marchandise première constituée en valeur, étant donc pris pour étalons des autres valeurs et instruments universels d'échange, tout commerce, toute consommation, toute production en dépendent. L'or et l'argent justement parcequ'ils ont acquis au plus haut degré les caractères de sociabilité et de justice, sont devenus synonymes de pouvoir, de royauté, presque de divinité". S. 111. Auf die Frage der Überlegenheit des Geldes wird bei Behandlung der Freigeldlehre zurückgekommen werden. Siehe unten § 14.

[11]) Er sagt hierüber: „Lorsque l'échange ne peut plus se faire que par l'intermédiaire et sous bénéfice d'aubaine pour le détenteur des instruments de production il est clair que le travail et l'échange sont rares et coûteux parcequ'ils sont grevés, le produit de conversion difficile, le débouché toujours restreint, la demande timide, la capitalisation ne se fait plus que sous la forme de numéraire, conséquemment au lieu d'avoir pour mobile la consommation elle n'a pour principe que l'épargne et l'épargne elle est pauvre et indigente". (Résumé de la question sociale S. 69.)

Produktion ins Stocken gebracht hatte, von Einfluß gewesen sein, worauf Aucuy mit Recht hinweist.[12])

In kritischer Beziehung mag darauf aufmerksam gemacht werden, daß die direkte Austauschbarkeit der Produkte dem Produzenten so wenig vermöchte, eine unmittelbare Kaufkraft zu bieten, als er eine solche heute in seinen Produkten besitzt. Proudhon übersieht, daß sich die Produkte genau wie heute zuerst auf dem Markt als gesellschaftlich-nützliche Produkte erweisen müßten, daß über ihre Kaufkraft gegenüber allen andern Gütern die Nachfrage und Preisbildung in gleicher Weise entschiede, wie in der Geldwirtschaft. Es liegt also eine Selbsttäuschung vor, wenn er glaubt, die direkte Austauschbarkeit der Produkte vermöchte ihren Absatz zu erweitern und die Wirtschaftskrisen zu verhindern.

Für die Kredittheorie ergaben sich aus Proudhons Auffassung, der Zins habe in der Machtfülle des Geldbesitzers seine Ursache, wichtige Konsequenzen. Während der Kredit heute an das Geld geknüpft und deshalb eng und einseitig sei, könne er durch die Lösung von seiner Gebundenheit zu einem gewöhnlichen Tausch gemacht werden, auf welchem das Prinzip der Gegenseitigkeit so gut Anwendung finde, wie auf jeden andern Tausch.[13]) Wenn Proudhon fordert, daß der Kredit zweiseitig werde, so versteht er darunter, daß er nicht mehr ausschließlich vom Geldbesitzer gewährt werden solle, in welchem Fall er unvermeidlich mit Zins belastet sei. Er müsse vielmehr von den Waren-Produzenten gegenseitig gegeben und genommen werden. Deshalb betont er auch stets von neuem, der Zins sei bis heute bei der Kreditgewährung eine Notwendigkeit gewesen, werde es aber in Zukunft nicht mehr sein.[14]) Wie sich Proudhon diese gegenseitige Kreditgewährung vorstellt, werden wir unten sehen.

---

[12]) Aucuy: Systèmes socialistes d'èchange S. 120 ff.

[13]) Im Kap. über den Kredit im 2. Bd. seines Hauptwerks ist Proudhon zu dieser Auffassung, die sich erst in den späteren Kreditschriften findet, noch nicht vorgedrungen. Dort sieht er das Wesen des Kredits in der Vorbereitung einer allgemeinen Konstituierung des Wertes. Er bewirke eine Ausdehnung des metallischen Wertes und mache denselben dadurch den Arbeitern zugänglich (Contradict. éc. t. II. S. 113 und 140). Es bleibe der Kredit jedoch bis zur endgültigen Konstituierung aller Werte mit dem Nachteil der Zinswirtschaft verknüpft und könne deshalb auch die Überwindung der ökonomischen Widersprüche selbst nicht herbeiführen (S. 171 ff.). Diese Lehre macht Proudhons Meinung begreiflich, der Kredit habe den Ausgangspunkt im Gelde, eine Lehre, die er in seinen späteren Schriften ja selbst fallen läßt.

[14]) So in der Diskussion mit Bastiat, ferner in seiner Schrift, „Résumé de la question sociale“, wo wir den überraschenden, dem übrigen Inhalt der Schrift scheinbar widersprechenden Passus vorfinden, „l'abolition de cet intérêt est impossible. Si vous supprimez l'intérêt que deviendra le crédit? Ou plutôt que diviendra la circulation, puisque toute vente, faite à terme implique intérêt?“ Dieser Satz bezieht sich eben auf die Geldwirtschaft, nicht aber auf den geldlosen, auf dem Grundsatz der Gegenseitigkeit organisierten Tausch.

Proudhons Lehre von der Unentgeltlichkeit des Kredits ist nicht, wie man zumeist annahm, die Quintessenz seines Systems,[15]) sondern wächst vielmehr aus seinen übrigen Lehren, seiner Wert-, Geld- und Zinslehre mit Folgerichtigkeit heraus. Sie bildet gleichsam den Schlußstein und die Krönung des interessanten Baues, den der französische Sozialist auf einem ethischen Prinzip errichtete.

Durch Loslösung des Kredits von seiner Verbindung mit dem Geld und seine unmittelbare Verknüpfung mit dem Warenaustausch soll er nach Proudhon auf eine breitere Basis gestellt und jedem Produzenten und Arbeiter zugänglich gemacht werden. Auf diese Weise denkt er sich sein in der ersten kreditpolitischen Schrift entwickeltes wirtschaftspolitisches Programm verwirklicht, das dahin ging, die Arbeit solle verdoppelt, verdreifacht, ja ins Unendliche vermehrt werden, und mit ihr der Reichtum. Dem Kredit sei eine so breite Basis zu geben, daß keine Nachfrage ihn erschöpfe. Ein Absatz sei zu schaffen, den keine Produktion auffüllen könne. Die Zirkulation sei voll und regelmäßig zu organisieren, so daß sie durch keinen Zwischenfall gestört werden könne, alles dadurch, daß jede Ware zu Geld erhoben und dadurch das Königtum des Geldes beseitigt werde.[16])

b) Das Projekt der Tauschbank und dessen Kritik.

Wie kann aber die Zirkulation organisiert werden, wenn das Geld seiner Stellung als Tauschmittel (nicht auch als Wertausdrucksmittel, wie bei Owen) enthoben werden soll? Eine Verrechnung der gegenseitigen Leistungen der verschiedenen Produzenten untereinander hielt Proudhon unter der Voraussetzung für möglich, daß sie sich untereinander kennten und von ihren gegenseitigen Operationen unterrichtet seien.[17]) Hiezu ist aber in unseren Verhältnissen die Zahl der Produzenten und der vollzogenen Operationen viel zu groß.

Eine andere Lösung bestünde in der Gründung einer zentralen Warenaustauschstelle auf folgendem Prinzip. Wenn von zwei Kontrahenten der eine die als Gegenleistung angebotenen Waren oder Dienstleistungen des andern, dem er seine Güter verkaufen will, nicht gebrauchen kann (was ja fast immer der Fall sein wird), so hätte die Warenbank in der Weise zu intervenieren, daß sie gegen Deponierung der betreffenden Waren im Wert des vollzogenen Kaufes Tauschbons aushändigte, gegen welche der un-

---

[15]) Vor allem Rist, aber auch Diehl stellen diese Seite in den Vordergrund und übersehen den Zusammenhang mit den andern Lehren, wogegen Aucuy richtiger die Geldreform als primäre betrachtet.

[16]) **Organisation du crédit et de la circulution.** S. 90.

[17]) **Résumé de la question sociale.** S. 38.

befriedigte Kontrahent sich die Güter aussuchen könnte, die ihm beliebten. Auf diesem Prinzip beruhte die 1829 von Fulcrand Mazel ins Leben gerufene Bank, welche den Warenaustausch vermitteln wollte, ohne Verfolgung weitergehender, sozialistischer Ziele (Abschaffung des Zinses).[18]) Auch Owens Arbeitsbank befolgte diesen Zweck, nur mit dem Unterschied, daß nicht Angebot und Nachfrage den Preis bestimmen sollten, sondern die Tauschrelation nach der Arbeit bemessen wurde, wie wir es sahen.

Eine derartige Warenaustauschstelle müßte an dem Umstand scheitern, daß das Risiko des Absatzes vom Produzenten auf die Bank überwälzt und der Produzent dadurch des unmittelbaren Zwangs enthoben wäre, seine Produkte jederzeit dem Bedarf anzupassen. Die bei der Bank sich ansammelnden, unverkäuflichen Waren müßten die Entwertung der Tauschbons herbeiführen und dadurch den Fall der Bank bewirken, was der Bank Mazel auch begegnete.

Proudhons eigene Vorschläge weichen von der skizzierten Organisation nur darin ab, daß statt der Waren einfache Lieferungs- oder Leistungsverpflichtungen, die in Wechselform ausgestellt werden sollen, bei der Bank zu deponieren wären und die Garantie für die ausgegebenen Tauschbons zu bilden hätten. Ein allgemeiner Ausgleich der gegenseitigen Leistungen soll nach Proudhons Idee dadurch hergestellt werden, daß eine zentrale Bank sämtliche in der Form von Wechseln, Anweisungen und Orderpapieren auftretenden Zahlungsverpflichtungen der Handeltreibenden und Produzenten entgegennähme, um sie in ihr eigenes zirkulationsfähiges Papier zu konvertieren.[19]) In seiner Schrift: „Organisation du crédit et de la circulation“ skizziert er den Mechanismus wie folgt: B händige dem A, von dem er Waren oder Dienstleistungen bezogen, an Geldes Statt ein Lieferungsversprechen auf die von ihm fabrizierten Produkte aus, im Wert der eingehandelten Waren. A, von dem angenommen wird, daß er der Produkte des B nicht bedürfe, könne diesen Schein, der bei Sicht fällig sei, bei der Zentralbank in Zirkulationsbons umwechseln, gegen welche er dann bei irgendeinem der angeschlossenen Produzenten beliebige Waren im Wert der erhaltenen Scheine eintauschen könne. Es besteht also das Zirkulationsproblem einfach darin, meint er, das Prinzip des Wechsels zu verallgemeinern. Dieser Wechsel wäre aber, gegenüber unserem gezogenen Wechsel dadurch verschieden, daß er nicht eine Geldverpflichtung, sondern eine auf einen bestimmten Wertbetrag ausgestellte Lieferungs- oder Leistungsverpflichtung darstellte. Diese würde nach obiger Darstellung auf Sicht lauten, doch hat sich Proudhon bei seinen kreditpolitischen Vorschlägen, wenn auch

---

[18]) Vgl. über die Bank Mazel Karl Diehl: P. J. Proudhon, Bd. II S. 247 ff. und Gide et Rist: Histoire des doctrines économiques. S. 369 f.

[19]) Vgl. Résumé de la question sociale. S. 39.

nicht ausdrücklich, so doch offenkundig von diesem Prinzip entfernt. Wir werden vorläufig erstere Alternative allein betrachten. — Die Tauschbons sollen einlösbar sein, aber nicht in Geld, sondern in beliebigen Waren.[20]) Daneben bestehe die Verpflichtung aller angeschlossener Produzenten, sie in Zahlung zu nehmen und ihre Waren oder Dienstleistungen dagegen zu verabfolgen.[21]) Was die Einlösbarkeit bei der Tauschbank betrifft, so wird diese kaum in natura gedacht sein, da das Institut in diesem Fall zu einer Warenbank nach Mazelschem Muster würde. Dies liefe aber Proudhons Skizzierung des Tauschmechanismus zuwider.[22]) Vielmehr wird man an eine Einlösung in den deponierten Lieferungs- und Verpflichtungsscheinen zu denken haben, welche die Deckung für die ausgegebenen Tauschbons abgeben und deren Gegenwert in Waren oder Dienstleistungen bei den Verpflichteten bezogen werden kann. Diese Tauschbons sollen das Geld als Zirkulationsmittel ersetzen. Sie seien die Vertreter der gehandelten Ware, so daß nach Proudhons Ansicht die unmittelbare Austauschbarkeit derselben hergestellt sei.

Wäre diese Ansicht richtig, so müßten die Tauschbons Anweisungen sein. Das Geld ist gegenüber der Anweisung dadurch ausgezeichnet, daß es selbst ein wirtschaftliches Gut ist, wobei man nicht gleich an ein Gebrauchsgut zu denken hat. Die Anweisung dagegen beinhaltet einen festen Anspruch auf bestimmte Mengen einer oder mehrerer Waren.[23]) Der Unterschied zwischen Geld und An-

[20]) Proudhon schreibt wörtlich: „Tout le problème de la circulation consiste à généraliser la lettre de change, à en faire un titre anoyme, échangeable à perpétuité et remboursable à vue, mais seulement contre des marchandises et des services. Ou, pour parler un langage p. ê. mieux compris de la finance, le problème de la circulation consiste à gager le papier de banque non pas par des écus ni par du papier, ce qui ne peut toujours produire qu'une oscillation entre l'usure et la banqueroute, entre la pièce de 5 Frs. et l'assignat, mais à le gager par des produits.“ (Organ. du crédit et de la circulation p. 25). Siehe auch Art. 11, 17 und 18 d. Stat. d. Tauschbank.

[21]) Vgl. Art. 3, Stat. d. Tauschbank.

[22]) Art. 17 d. Stat. lautet: „Les bons d'échange sont perpétuellement échangeables à vue à la banque et chez tous les sociétaires contre des marchandises et services de toute nature. Réciproquement, les marchandises ou services de toute nature sont perpétuellement échangeables à la Banque contre des bons d'échange.“ Dieser Text wiese allerdings auf eine Warenbank, ähnlich derjenigen Mazels. Diehl gibt denn dem Projekt auch diese Interpretation. (P. J. Proudhon Bd. II S. 182 und 184.) Doch läuft dieser Text allen übrigen Ausführungen in bezug auf Deckung und Ausgabe der Tauschbons zuwider. Ich befinde mich mit obiger Interpretation im Einklang mit Rist, der auch darauf hinweist, daß im späteren Projekt der Volksbank der fragliche Art. ausgemerzt sei (Gide et Rist a. a. O. S. 370).

[23]) Karl Helfferich definiert den Inhalt der Anweisung zu eng, wenn er ihn als einen bestimmten Anspruch an bestimmte Personen und auf bestimmte Sachen in bestimmter Menge bezeichnet (Das Geld S. 534). Der Anspruch braucht nicht auf bestimmte Sachen zu gehen, er kann dem Berechtigten die Wahl zwischen einer großen Anzahl ja aller Waren lassen, wenn er nur so präzisiert ist, daß die Menge jeder erhältlichen Ware feststeht und nicht von der Preisbildung abhängt.

weisung ist darin zu suchen, daß die Menge der, für eine Geldsumme käuflichen Güter irgendwelcher Art nicht feststehend ist, sondern von der Preisbildung abhängt, deren eines konstitutives Moment im Gelde selbst (seiner Menge) liegt, wogegen die Menge der gegen eine Anweisung erhältlichen Güter von vorneherein bestimmt ist, eben weil ein genau umschriebener, juristisch begründeter Anspruch vorliegt. Das Material, aus welchem die Urkunden bestehen, ist dabei völlig gleichgültig. Das Geld kann ebensogut aus Papier bestehen, als eine Anweisung auf einer Goldplatte beurkundet sein kann.

Die Banknoten sind solange Anweisungen auf Gold, als sie in vollwertigem Goldgeld eingelöst werden.[24]) Werden sie nicht mehr in Gold eingelöst, so wird die Menge des im Austausch erhältlichen Goldes schwankend, wie diejenige aller anderen Waren, die Banknoten werden zu Papiergeld. Die Tauschbons in Owens Arbeitsbank sind Anweisungen, ebenso das von Rodbertus propagierte Arbeitsgeld. Da die Menge der gegen diese Scheine erhältlichen Waren feststehend ist (nach der zu ihrer Erzeugung erforderlichen Arbeitszeit bemessen), so ist der Anspruch des Besitzers von Arbeitsbons genau umschrieben. Der Wert dieser Bons ist von keiner schwankenden Preisbildung abhängig. Ebenso sind die Arbeitsscheine, welche der kollektivistische Staat nach verschiedenen Plänen zum Zweck der Güterverteilung ausgeben soll, Anweisungen, denn sie gewähren Anspruch auf Aushändigung von Waren im gleichen Arbeitswert.

Proudhons Tauschbons dagegen gewähren keinen Anspruch auf bestimmte Warenmengen. Sie sind daher keine Anweisungen. Das aufgedruckte Versprechen auf Auslieferung von Waren begründet keinen bestimmten Anspruch, denn es läßt die Menge der erhältlichen Waren von der Preisbildung abhängen.[25]) Ebensowenig enthalten die, der Ausgabe dieser Tauschbons zugrunde

---

[24]) Da die Banknoten wie Geld zirkulieren, werden sie von einigen Autoren (Helfferich, A. Weber) als Geld bezeichnet. Das sind sie nur in erweitertem Sinn, in gleicher Weise wie die Giroguthaben oder übrigen Bankzahlungsmittel. Sie stehen in genau demselben Verhältnis zum Währungsgeld, wie diese. Wenn aus den Objekten, die als Zirkulationsmittel dienen, eine besondere Kategorie herausgehoben und als Geld (im engeren Sinne) bezeichnet werden soll, so muß die Unterscheidung nach dem ökonomischen Charakter derselben gezogen werden. Solange die Zahlungsanweisungen in Gold eingelöst werden, sind sie aber kein selbständiges wirtschaftliches Gut (vgl. Mises, Theorie d. Geldes u. d. Umlaufsmittel S. 31 ff.).

[25]) Die Zirkulationsbons, die von der Banque du Peuple im Februar 1849 hätten ausgegeben werden sollen und deren Ausgabe durch die Inhaftierung Proudhons verhindert wurde, hatten folgenden Wortlaut: „A vue, payez au porteur, contre le présent ordre, en marchandises, produits ou services de votre industrie la somme de cinq francs, valeur reçue à la Banque du Peuple. Signé: P. J. Proudhon & Cie. A tous les adhérants de la Banque du Peuple.“

liegenden Lieferungsversprechen einen Anspruch auf bestimmte Warenquantitäten. Vielmehr sollen sie auf eine Wertsumme lauten, die in Produkten oder Dienstleistungen bestimmter Gattung zu erfüllen wäre. Somit sind Proudhons Tauschbons Geld und zwar vollinhaltlich, d. h. im engeren Sinne des Begriffs. Die vermeintliche Einlösbarkeit, die ihnen den Charakter der Anweisung verleihen sollte, ist eben keine, da sie keinen Anspruch auf bestimmte Gütermengen gewährt. Mit demselben Recht könnte von der Einlösbarkeit von Goldmünzen in Waren gesprochen werden.

So hat Proudhon, statt das Geld zu beseitigen und die direkte Austauschbarkeit der Güter herzustellen, wie es in seiner Absicht lag, ein Papiergeld geschaffen oder doch ein solches schaffen wollen. (Die Tauschbank blieb Projekt). Wäre dieses Geld von einer privaten Organisation ausgegeben worden, so hätte es sich schwerlich neben dem staatlich anerkannten Geld lange in Zirkulation halten können, um so weniger, als besondere Gründe seine Entwertung beschleunigen mußten. Aber auch auf staatlich-obligatorischer Grundlage, auf der wir es uns verwirklicht denken wollen, wäre es einer raschen und sicheren Entwertung anheimgefallen. Sind die Tauschbons Geld statt Anweisungen, so ist auch Proudhons Meinung irrig, sie könnten nicht entwertet werden. Ihr Wert ist kein feststehender, sondern schwankt und ist von der befolgten Emissionspolitik abhängig.

Die Tauschbons würden, meint Proudhon, nur gegen gekaufte und gelieferte Waren ausgegeben, deren Bezahlung fällig sei und nur gegen erstklassige Unterschriften.[26]) In seinem Plan ist aber vorgesehen, sie dem Käufer vorzuschießen, dessen Ware von seinem Kontrahenten nicht begehrt wird, (was fast regelmäßig eintreten dürfte) und im Umtausch gegen seinen Verpflichtungsschein auf Lieferung von Ware. Es hätte demnach nur der eine Kontrahent die Waren effektiv geliefert, wodurch sich Proudhon offenbar täuschen ließ. Tatsächlich liegt eine versteckte Kreditgewährung vor, indem sich der Empfänger nur verpflichtet, seine Waren bei Vorweisung im betreffenden Betrag zu liefern.

Die Verfolgung der von Proudhon vorgesehenen Emissionspolitik birgt zunächst die Gefahr in sich, daß der Verpflichtete bei Vorweisung des diskontierten Lieferungsversprechens seiner Verpflichtung nicht sogleich nachkommen könnte, denn er weiß nicht, wann dieses vorgewiesen wird und mußte sich anderseits auch dazu verpflichten, alle ihm präsentierten Tauschbons gegen Produkte seines Gewerbes einzulösen. Entwertung der Tauschbons müßte die Folge sein, wenn zufolge dieser Umstände viele Verpflichtungen uneingelöst blieben. Wichtiger ist jedoch der andere Umstand, daß keine Gewähr dafür vorläge, daß die versprochenen Waren auch

[26]) Résumé de la question sociale, S. 39.

tatsächlich von jemandem begehrt würden. Proudhon setzt voraus, daß sämtliche Waren, deren Lieferung versprochen wird, auch einer Nachfrage begegnen, daß die Verpflichtungsscheine daher auch wirklich zur Vorweisung gelangen. Er nimmt an, daß sich die Kette der Tauschpaare selbsttätig schließe, welche Voraussetzung ebenso unzulässig ist, wie die bereits kritisierte, daß alle produzierten Waren ohne äußere Einwirkung gesellschaftlich-nützliche Waren seien. Wenn aber die von den Nutzenschätzungen der Konsumenten bestimmte Nachfrage nicht mit den eingegangenen Verpflichtungen übereinstimmte (und keine Veranlassung liegt vor, anzunehmen, daß dieses Ergebnis eintrete, da die Produzenten frei sind, Verpflichtungen auf Lieferung irgendwelcher Waren einzugehen), so blieben diese uneingelöst. Die Ausgabestelle hat nämlich kein Mittel, die Verpflichtungsscheine zur Einlösung bringen zu lassen, sie müßte sich denn ein Warenmagazin angliedern, in welchem alle, nichtbegehrten Waren angesammelt würden.

Rist befindet sich im Irrtum, wenn er von einer Bezahlung der Verpflichtungen spricht, die regelmäßig bei Verfall geschehen müsse, ansonst sich die Tauschbons entwerteten.[27]) Die hinterlegten Verpflichtungsscheine sind ja eben dadurch charakterisiert, daß eine Einlösung durch die Verpflichteten nur in den betreffenden Produkten zu geschehen hat. Dies kann aber nicht anders, als durch Geltendmachung einer entsprechenden Nachfrage vor sich gehen. Das Fehlen eines natürlichen, regelmäßigen Rückflusses der Tauschscheine zu ihrer Ausgabestelle, wie er für die Banknoten besteht, müßte ihre Überremmission und Entwertung bewirken. Das bedenklichste des ganzen Vorschlages aber liegt darin, daß sich die Produzenten durch die Verpflichtung zur Lieferung von Waren, die eventuell keiner entsprechenden Nachfrage begegnen, einen dauernden unentgeltlichen Kredit verschaffen könnten mit dem sie weiter auf Lager zu produzieren imstande sind und somit des Zwangs enthoben wären, sich der Nachfrage anzupassen. Die Folge müßten schwere Krisen mit völliger Entwertung des Zirkulationsmittels sein, wogegen sich die Emissionsstelle nur dadurch wehren könnte, daß sie die Ausgabe der Tauschbons nicht nur von der Solvenz der Darlehensnehmer, sondern auch vom Stand des Angebots und der Nachfrage in jeder einzelnen Branche abhängen ließe, eine unmögliche Aufgabe.

In der bisherigen Kritik sind wir von der Annahme ausgegangen, die Tauschbons würden nur gegen wechselmäßige Lie-

---

[27]) Gide et Rist a. a. O. S. 364. Rist nimmt offenbar eine Einlösung der Verpflichtungen in Tauschbons an. Eine solche ist aber nicht vorgesehen, wodurch sich die Lieferungsversprechen eben von den Warenwechseln unterscheiden. Deshalb trifft Rists Kritik nicht den Kern von Proudhons Tauschmechanismus. Sie ist vielmehr eine allgemeine Kritik des vorgeschlagenen Papiergeldsystems von metallistischer Auffassung aus. Überhaupt ist es merkwürdig, daß die bisherige Kritik an diesem Punkte vorübergegangen ist.

ferungsversprechen ausgegeben, die auf Sicht lauten und ein fertigliegendes Produkt zur Unterlage haben. Diese Annahme stimmt mit vielen Versicherungen Proudhons überein. Aber in anderen Auslassungen und in seinen positiven Vorschlägen weicht er vollkommen von ihr ab. Er vertrat ja, wie bereits ausgeführt, die Ansicht, daß der Kredit zinslos gewährt werden könne, sobald er auf der Grundlage der Gegenseitigkeit organisiert sei. Das denkt sich Proudhon folgendermaßen: Der Produzent, der vom Konsumenten Aufträge erhalten habe, ohne die erforderlichen Betriebsmittel oder Rohstoffe zu besitzen, soll sich diese auf den einfachen Nachweis der bezüglichen Aufträge hin, auf Kredit beschaffen können. Dieser Kredit müßte aber nicht vom Verkäufer der Rohstoffe gegeben werden, der Anspruch auf unmittelbare Deckung habe, sondern von der Tauschbank, welche das Lieferungsversprechen des Produzenten wiederum in Tauschbons, d. h. in unmittelbare Kaufkraft konvertieren soll.[28]) Derartige, ausdrücklich auf Kredit beruhende Verbindlichkeiten können natürlich nicht mehr auf Sicht lauten, sondern müßten auf einen bestimmten, künftigen Termin ausgestellt sein.

Auf diese Weise sei der Geldbesitzer ausgeschaltet, meint Proudhon, und der Kredit zu einem Tausch geworden. Jawohl, aber zu einem Tausch erst noch zu produzierender und an einem künftigen Termin zu liefernder Produkte gegen unmittelbare Kaufkraft die zum sofortigen Ankauf fertiger Güter dienen soll! Und was ist der Kredit heute anders? Seine unentgeltliche Gewährung müßte aber die Kreditbegehren unermeßlich steigern. Deren unbeschränkte Befriedigung hätte eine Papierüberschwemmung mit ihren schlimmen Folgen zur unmittelbaren Konsequenz.

In seinem Tauschbankprojekt sieht Proudhon sogar die Gewährung von Hypothekarkrediten,[29]) die Beteiligung an landwirtschaftlichen, industriellen und Handelsunternehmungen vor,[30]) sowie die Gewährung von Bürgschaftskredit,[31] der besonders der Arbeiterschaft zugute kommen soll. Dafür plant er die Erhebung von 1 % Zins und in dem späteren Projekt der Volksbank eine solche von 2 % und 1/4 % Kommission auf dem Umsatz zum Zweck der Kostendeckung.[32])

---

[28]) Vgl. organisation du crédit S. 34 f.

[29]) Statuten der Tauschbank Art. 42 und 43.

[30]) Art. 49.

[31]) Art. 37 und 38.

[32]) Stat. d. Tauschbank Art. 23, Stat. d. Volksbank Art. 34 und 35.

§ 6.

Die tauschsozialistischen Lehren Ernest Solvays und Mich. Flürscheims.

a) Ernest Solvays soziales Verrechnungssystem (Comptabilisme social).

Die tauschsozialistischen Ideen des belgischen Großindustriellen Solvay sind im Zusammenhang mit seinem produktivistischen Programm zu würdigen. Fordert dieses höchste Steigerung der Produktion unter gleichzeitiger Beseitigung der Besitzprivilegien, so soll die Reform des Zirkulationsmechanismus die bedeutsamste Maßnahme auf dem Wege zum vorgezeichneten Ziele bilden. Einerseits hat sie den Zweck, die Produzenten von den Kapitalisten unabhängig zu machen und von der Last des Geldzinses zu befreien, andererseits stellt sie sich die Aufgabe, eine Kreditgewährung an die Produzenten gemäß ihren produktiven Fähigkeiten zu organisieren. Während Proudhon den Vermögensertrag überhaupt vom Geld ableitet und deshalb von der Reform des Tauschmechanismus sein Dahinfallen erhofft, ist sich Solvay über das Wesen des Kapitalgewinns klar und zielt nur darauf ab, den Darlehenszins, den er in eigenartiger Weise mit den Edelmetallen verknüpft glaubt, abzuschaffen.[1]) Käme der ganze Vermögensertrag der produktiven Klasse zugute, so gewänne nach Solvay durch die bewirkte Anspornung aller Kräfte die ganze Nation. Die Geldkapitalisten ihrerseits könnten sich, so meint er, ihr Einkommen dadurch erhalten, daß sie ihr Kapital, statt es den Produzenten gegen Zins darzuschießen, unmittelbar produktiv anlegen, d. h. für Solvay in Immobilienbesitz und Beteiligung an industriellen oder landwirtschaftlichen Unternehmungen.[2])

Eigenartig ist die theoretische Begründung, die Solvay seiner Reform gibt. In starker Berührung mit Proudhonistischen Ideen handelt es sich nach unserem Autor um die Ersetzung der bisherigen Tauschmethoden durch etwas absolut Neues, durch eine höhere Idee, welche er aber nicht, wie sein Vorgänger, in einem ethischen Prinzip sucht, sondern, als echt rationalistischer Wirtschaftsmensch, in der Anwendung der Buchführungsmethoden auf das gesamte soziale Leben. Das soziale Konto eines jeden Menschen bei der Zentralstelle soll das Geld überflüssig machen. Dieselbe würde über die Operationen eines jeden Buch führen. Das Geld gehöre, der Idee nach, zum alten Tauschsystem (troc), welches einen unmittelbaren Gegenwert für jede individuelle Operation erfordere. An dessen Stelle trete nun beim sozialen Verrechnungssystem die Verrech-

---

[1]) Siehe unten S. 90.

[2]) Notessur le Productivisme et le Comptabilisme, Bruxelles 1900. Note VI S. 72 ff.

nung mit der Gesamtheit.[3]) Diese Meinung ist grundfalsch. Der Gegenwert in jeder Handelsoperation bestünde beim Solvayschen System in der erhaltenen oder dahingegebenen Buchforderung. An die Stelle des materiellen Umlaufsmittels würde ein Buchgeld treten. Das Tauschgut bestünde in, auf Geldeinheiten lautenden Buchbeträgen, statt in einem materiellen Geld. Die Reform ist an sich wohl denkbar, braucht doch das Geld nicht in jedem Fall in einem Gebrauchsgut zu bestehen und bilden heute schon die mittelst des materiellen Umlaufsmittels beglichenen Geschäfte der Größe nach nur einen geringen Teil der Gesamtumsätze. Ein neues Prinzip ist aber dahinter nicht zu suchen.

Eine andere Frage ist es hingegen, ob eine restlose Anwendung des Verrechnungssystems auch praktisch möglich und zweckmäßig sei. Die inviduelle Zahlungsleistung hätte nach Solvay durch Übergabe und Annullierung von Zahlscheinen zu geschehen, die vom Empfänger erst nach entsprechender, regelmäßig zu erfolgender Kontrolle und Buchung durch die Zentralstelle, sowie nach Umtausch in neue Tauschscheine, verwertet werden könnten.[4]) Die Notwendigkeit, für jede kleinste Zahlungsleistung ein Formular auszufüllen oder doch einen Vermerk auf einem solchen anbringen zu müssen, wäre für die Abwicklung des täglichen Kleinverkehrs eine erhebliche Erschwerung und die Notwendigkeit der Kontrolle der gegenseitigen Eintragungen durch die Zentralstelle, sowie der enorme Papierverbrauch hätten eine bedeutende Verteuerung des Zirkulationsmechanismus gegenüber dem heutigen Münzumlauf zur Folge. Mögen für den Großverkehr Scheck und Giro noch so vorzügliche und bequeme Zahlungsmethoden abgegen, so ist für den Kleinverkehr (die Lohnzahlungen und die täglichen Ausgaben) der Münzumlauf nicht zu entbehren.

Der Zweck der von Solvay angestrebten Reform liegt aber auf dem Gebiete der Kreditpolitik. Da er den Geldzins mit den Edelmetallen verknüpft glaubt, hält er auch dessen Erhebung beim Verrechnungssystem für keine Notwendigkeit. Vor allem aber hält Solvay eine ungeheure Erweiterung des Kredits bei diesem System für möglich. Müsse beim Geldsystem stets eine Konversion des Be-

[3]) A. a. O. Note II S. 30 und Note XI S. 131. Solvay befindet sich mit der Lehre, das Geldsystem sei eine einfache Weiterbildung des Tausches im Widerspruch mit sich selbst, da er andern Ortes verkündet, das Geld sei nur eine Kaufkraft, weiter nichts (Note VII S. 84). Wäre dies der Fall (tatsächlich ist das Geld noch mehr), wo läge dann der prinzipielle Unterschied mit dem Verrechnugssystem?

[4]) Die von Solvay vorgeschlagene Organisation gleicht mehr dem Scheck- als dem Giroverkehr. Jedes Wirtschaftssubjekt soll ein Scheckheft mit soviel Formularen verschiedener Beträge erhalten, als es Guthaben bei der Zentrale besitzt. Bei ihrer Übergabe wären diese Scheine mit der Unterschrift oder dem Vermerk der Kontonummer zu versehen, wogegen ein entgegengesetzter Vermerk vom Empfänger auf der Souche angebracht werden müßte (Note VIII S. 94 f.).

sitzes in Geld vorgenommen werden und sei deshalb der Produzent vom Geldbesitzer abhängig, so könne man sich beim Verrechnungssystem nach Belieben Kaufkraft beschaffen. Die wirkliche Kaufkraft der Wirtschaftssubjekte sei ja nicht nur durch ihren momentanen Geldbesitz bestimmt, sondern durch ihr gesamtes Vermögen.[5]) Deshalb sei nichts zu befürchten, wenn jedermann ohne weiteres in der Höhe seines Vermögens und gegen dessen Verpfändung Kredit erhalten könne. Die Verwandtschaft von Solvays Idee, daß das Vermögen Kaufkraft sei, mit Proudhons Lehre der direkten Austauschbarkeit der Produkte ist einleuchtend. Wie jener hat auch Solvay übersehen, daß die Kaufkraft der einzelnen Vermögensteile von der Nachfrage abhängig ist, daß es also nicht am Gelde liegt, wenn dieses oder jenes Gut nicht oder nur unter seinen Kosten verwertbar ist. Eine solide Kreditpolitik darf nicht nur das Vermögen allein berücksichtigen, sondern muß auf die Marktlage abstellen und auf die Aussichten für die künftige Verwertbarkeit der Güter, die als Kreditunterlage dienen, sodann auf die Tüchtigkeit des Unternehmers und die Entwicklungsmöglichkeiten seiner Unternehmung.

Die Tüchtigkeit des Produzenten, ungeachtet seines Besitzes, soll auch nach Solvay Grund zur Kreditgewährung abgeben. Die vorgeschlagene Reform setzt sich ja zum Zweck, die Besitzprivilegien zu brechen. Solvay geht deshalb soweit, die Arbeitskraft als Grundlage für den Kredit anzusehen.[6]) Eine Grenze der Kreditgewährung kennt Solvay nicht. Würde nach seinen Vorschlägen gehandelt und der Kredit zinslos gegeben oder doch der Zins unabhängig von der Lage des Geld- und Kapitalmarkts als einfache Steuer erhoben, wie er es für den Anfang vorsieht, so müßte dies einer Kreditinflation rufen, die desto rascher und umfassender eintreten würde, je tiefer der Zinsfuß im Verhältnis zur wirklichen Marktlage festgesetzt und je largere Bedingungen für die Kreditgewährung vorgesehen wären.

An die Möglichkeit einer Kreditinflation glaubt Solvay nicht. Er behauptet nämlich und auf diese Ansicht stützen sich seine kreditpolitischen Vorschläge, der gemeinsame Denominator, d. h. die Geldeinheit, bleibe wertbeständig, sobald er von einem materiellen Gelde getrennt sei.[7]) Er stelle dann eine rein ideelle Größe dar, mit welcher der Wert eines jeden Wirtschaftsgutes (den er auffaßt als Resultante von Bedarf und Versorgung im be-

---

[5]) Vgl. Note VII S. 84.

[6]) Note XV S. 159.

[7]) Er sagt wörtlich: Une fois fixé, il (le commun dénominateur) peut être considéré indépendemment de ce support, devenir ainsi une qualité constante dans le temps et dans l'espace, prendre par conséquent le caractère d'une commune mesure de la valeur transactionelle des choses et être employé comme unité de mesure de cette valeur.“ (Note I Seite 15.)

treffenden Gut) multipliziert werden müsse, um dessen Tauschwert oder Preis zu erhalten. Das gelte nur unter der Voraussetzung, daß die Geldversorgung stets genügend sei, da sonst die Zahlungsmittel Seltenheitswert erhielten. Eine zu reichliche Geldversorgung hingegen könne nur dann auf die Kaufkraft des Geldes einwirken, wenn die Geldeinheit an einen materiellen Geldstoff gebunden sei, da dieser dann niedriger geschätzt werde. Sei dies nicht der Fall, so bleibe die Geldeinheit unveränderlich, da stets nur soviel Geld in Zirkulation trete, als gerade benötigt werde.[8])

Soviele Worte, soviele Irrtümer, wäre man versucht auszurufen. Eine ideelle Werteinheit, in Solvayschem Sinne, als einer feststehenden und unverrückbaren, von allen gleichbewerteten Schätzungsziffer, die man nur mit dem Wert der Güter zu multiplizieren brauchte, um deren Preis zu erhalten, gibt es nicht, kann es nicht geben. Die Geld- oder Werteinheit erhält erst durch die Preisbildung einen bestimmten Inhalt. Erst bei gegebenen Preisen ergibt sich für jeden einzelnen eine bestimmte Schätzung der Geldeinheit. Der Preisstand aber ist abhängig von der Geldversorgung, die ihrerseits im Falle der Bindung an ein Gebrauchsgut von dessen Vorkommen und seiner anderweitigen Verwertbarkeit und Schätzung abhängt. Bei Wegfallen dieser Bindung fehlt dieser Zusammenhang. Dann besteht aber die Gefahr einer Überausgabe, einer Geld- und Kreditinflation, da eine Grenze für die Emission von Geldzeichen fehlt. Die Meinung, daß sich in diesem Fall der Geldwert nicht verändern könne, weil nur soviel Geld in Zirkulation trete, als man bedürfe, ist gänzlich verfehlt und hat schon viel Unheil angerichtet. Einen festen Geldbedarf gibt es eben nicht, da dieser vom Preisniveau abhängt. Wenn zufolge Herabsetzung des Zinsfußes die Kreditbegehren anschwellen und durch Geldausgabe restlos befriedigt werden, so wird diese vermehrte Kaufkraft auf den Preisstand einwirken und stets neuer Kreditbegehren rufen. So ist eine feste, wenn auch elastische Begrenzung der Geldausgabe eine absolute Notwendigkeit. Fehlt die Bindung an ein Metall, so muß eine Begrenzung nach freiwillig gewählten Normen an die Stelle treten. Über die Möglichkeit einer solchen und ihre event. praktische Verwendbarkeit habe ich mich hier nicht auszusprechen.

b) Michael Flürscheim's geldreformerische Bestrebungen.

Flürscheims Vorschläge zur Lösung der sozialen Frage gehen teilweise auf Ideen des Amerikaners Henry George, teilweise auf Proudhon zurück. Die wichtigste Quelle des sozialen Elends erblickt er mit Henry George im privaten Bodenbesitz und der,

---

[8]) Note I S. 20.

mit der Zunahme des Reichtums ständig wachsenden Bodenrente.[9]) Während aber George den von der natürlichen Produktivität des Kapitals abgeleiteten Zins als notwendig und keineswegs schädlich betrachtet, sieht Flürscheim in ihm die zweite Quelle des Elends. Er führt den Zins auf zwei gleichmäßig wirksame Ursachen zurück, einerseits auf die Möglichkeit, aus dem Bodenbesitz eine dauernde Rente zu ziehen, weshalb das Geld nur dann Anlage in Handel und Gewerbe aufsuche, wenn es dort den gleichen Gewinn erzielen könne,[10]) und anderseits auf den Monopolcharakter des heutigen Geldes. Im Anschluß an Gedankengänge Proudhons gibt Flürscheim der alleinigen Verwendung des Goldes als gesetzliches Zahlungsmittel Schuld an der vermeintlichen Tatsache, daß die Besitzer dieses Zahlungsmittels für seine Benutzung Bedingungen stellen könnten.[11]) Dieser Umstand verursache den Zins, unabhängig von der Wirksamkeit des ersten Grundes. Ferner bewirke er für die Gläubiger die Möglichkeit, den Wertmaßstab, als welcher das Gold funktioniere, zu ihren Gunsten abändern zu können.[12])

Die Bodenverstaatlichung, der er gegenüber Henry Georges „single tax" den Vorzug gibt, beseitigt nach Flürscheim sowohl die private Bodenrente, als auch die erste Quelle des Zinses, sie müsse aber noch durch eine Tauschreform ergänzt werden, um zu voller Wirksamkeit gelangen zu können. Seine dahin zielenden Vorschläge wandeln in bekannten Bahnen. Um die „Monopolisierung" des Zirkulations- und Kreditinstruments zu verunmöglichen, verlangt er, daß die Waren und Arbeitsprodukte zur Geld- und Kreditgrundlage gemacht werden.[13]) Dadurch seien dann die Produzenten unmittelbar mit Kaufkraft versehen und ein Zirkulationsmittel geschaffen, das allen zugänglich sei.

In bezug auf die konkrete Ausgestaltung der Idee, die Waren zur Kreditgrundlage zu machen, scheinen sich seine Ansichten im Laufe der Zeit geändert zu haben. Anfänglich gründete er verschiedene Warenbanken, zuerst in einer mexikanischen Siedelungskolonie, dann in Harxheim-Zell im Großherzogtum Baden und

---

[9]) Siehe sein zuletzt erschienenes Buch, Not aus Überfluß, Leipzig 1909, an das ich mich für meine Zwecke gehalten habe. Von Henry George hat er schon seine Auffassung des sozialen Problems entlehnt, die in der Frage gipfelt, weshalb bei der enorm gewachsenen Produktivkraft der modernen Wirtschaft und der riesigen Reichtumsanhäufung die große Armut einer breiten Bevölkerungsschicht und das regelmäßige Brachlegen der Arbeitskräfte zu erklären seien (Henry George, Fortschritt und Armut, Einleitung und I. Kap.).

[10]) Not aus Überfluß, S. 230. Die gleiche Erklärung des Zinses als Kind der Bodenrente hatte erstmals Turgot gegeben (vgl. Boehm-Bawerk, Kapital und Kapitalzins, Bd. I S. 74 ff.).

[11]) A. a. O. S. 24 und 126.

[12]) A. a. O. S. 128.

[13]) S. 268.

endlich in Neu-Seeland.[14]) Später verzichtete er auf die Idee des direkten Warenaustausches und griff auf Proudhons Gedanken zurück, den er in seinem letzten großen Buch vertritt. Die Genossenschaften, auf denen sich das Wirtschaftsleben aufbauen soll, wünscht Flürscheim zur Grundlage der neuen Geld- und Kreditorganisation zu machen. Sie sollten ein Geld ausgeben, das „weder aus einer Ware, wie dem Golde bestünde, noch wie die Banknote oder der Scheck eine Verpflichtung sei, Goldgeld bei Sicht abzuliefern, sondern eine solche, direkt die Dinge zu beschaffen, für deren Erlangung in letzter Linie unser Geld verlangt wird".[15]) Diese Scheine sollen ein Versprechen von Waren zu Barpreisen enthalten, entsprächen also Proudhons Tauschbons, dies ebenfalls durch die Art ihrer Ausgabe. Es soll sich nämlich ein jeder Produzent solche Scheine (und dadurch Kredit) nach Belieben verschaffen können, wenn er sich nur darüber ausweise, daß er in der Lage sei, die Zirkulationsscheine gegen seine Waren zu Marktpreisen umzutauschen.[16]) Dieser Kredit, der nur eine gegenseitige Lieferung von Produkten darstelle, könne zinslos gewährt werden, wodurch das Ziel der Reform erreicht wäre. Aus praktischen Gründen zieht jedoch Flürscheim die Ziehung von Schecks auf die genossenschaftliche Organisation der Ausgabe solcher Tauschscheine vor. Diese Schecks sollen bei sämtlichen Mitgliedern der Tauschgemeinschaft in ihren Waren einlösbar sein, ähnlich wie Proudhons Tauschbons. Eine Kritik dieser Vorschläge kann ich mir ersparen und auf die früheren Ausführungen verweisen.[17])

Flürscheims Gedanken weisen wenig originelle Züge auf. Bedeutungsvoll wurde er durch die Verknüpfung der Tauschreform mit der Bodenreform, welche von den Vertretern der Freigeldlehre übernommen wurde.

---

[14]) Über das Schicksal der Warenbank von Harxheim-Zell berichtet Auern a. a. O. S. 196 ff., dasjenige der andern ist mir unbekannt.

[15]) Not aus Überfluß S. 268.

[16]) A. a. O. S. 277.

[17]) Es sei nur noch auf den Widerspruch dieser Vorschläge mit der im gleichen Buch vorgetragenen Forderung hingewiesen, die Geldausgabe sei so zu regeln, daß der Durchschnittspreis der Waren nicht schwanke (S. 139 ff.). Dort wird offen die Abhängigkeit des Preisstandes von der Geldausgabe proklamiert, hier wird sie verkannt, ein wildes Kunterbunt, durch das sich das Buch überhaupt auszeichnet.

II. Kapitel.

Die Freigeldlehre.

§ 7.

Gesells theoretischer Ausgangspunkt, seine Lohn- und Rententheorie.

Den Ausgangspunkt für die älteren tauschsozialistischen Vorschläge hatte die Arbeitswertlehre gebildet. Bereits Solvay und Flürscheim hatten diese Lehre mit Stillschweigen übergangen, mußten dafür auch der theoretischen Grundlegung für ihre tauschsozialistischen Lehren entbehren. Von Gesell wird sie offen bekämpft und mit ihr die Wertlehre überhaupt[1]). Er sagt: „Hätten die Gegenstände des Arbeitsprodukts und des Arbeitsertrags eine gemeinsame Eigenschaft, mit der sie sich vergleichen und messen ließen, so könnte der Handel, der das Arbeitsprodukt in Arbeitsertrag verwandeln soll, wegfallen. Sofern man dann nur richtig messen, zählen oder wägen würde, müßte der Arbeitsertrag immer ohne weiteres gleich dem Arbeitsprodukt sein. ..... Eine solche gemeinsame Eigenschaft fehlt jedoch den Waren."[2]) Diese war eben von der älteren Lehre in der Arbeit gesehen worden.

Gesells theroretischer Ausgangspunkt liegt in der Lohntheorie. Er denkt sich den Lohn der Arbeiter aus einem Lohnschatz stammend, welcher sich nach den Gesetzen von Angebot und Nachfrage auf die Arbeiter verteile.[3]) Er umfasse die Gesamtheit der produzierten Güter, abzüglich die den Renten- und Zinsempfängern zufließenden. Auf diesem Umweg gelingt es Gesell, Rente und Zins als einen Abzug vom Arbeitsertrag, vom Lohnschatz, darzustellen. Er definiert denn auch den Lohn als den Verkaufspreis der Waren abzüglich Grundrente und Kapitalzins.[4]) Der Lohn sei heute durch Grundrente und Kapitalzins herabgedrückt.

Dieser Zustand erscheint Gesell nicht im Wesen der Tauschwirtschaft begründet zu sein. Bereits die oben zitierte Äußerung weist darauf hin, daß er die Arbeit als das einzige, wirkliche Kostenelement betrachte. Tatsächlich hat er auch diesen Irrtum gemein mit den Vertretern der Arbeitswertlehre. Daß auf die Arbeit im Tauschprozeß ein Preis gelegt wird, erscheint ihm selbstverständlich und keiner Erklärung bedürftig, die Tatsache jedoch, daß die Ar-

[1]) Siehe Silvio Gesell, Die natürliche Wirtschaftsordnung 3. Aufl. Leipzig 1919. Ich werde dieses Werk in Zukunft wie folgt zitieren: N. W. O. Gesell richtet sich im besondern bei jeder Gelegenheit gegen die von Marx im „Kapital" vertretene Wertlehre. Wir werden in § 12 auf seine Negierung der Wertlehre zurückkommen.

[2]) N. W. O. S. 13.

[3]) N. W. O. S. 53 ff.

[4]) S. 304.

beit nicht das einzige Kostengut ist, findet er merkwürdig. Die Begründung dafür, daß auch andere Kostengüter einen Preis erzielen, sucht er so wenig in den Grundgesetzen des tauschwirtschaftlichen Bewertungsprozesses wie seine Vorgänger. Er glaubt mit ihnen die Erklärung dieser Erscheinung in besonderen Machtverhältnissen suchen zu müssen, welche die Tauschrelation von der natürlichen Basis abdrängen sollen. Seine Wirtschaftstheorie besteht eben in einer Untersuchung dieser Machtverhältnisse und der geeigneten Mittel, sie zu beseitigen. Und zwar sieht er mit Flürscheim ein doppeltes Monopol, das die tauschwirtschaftlichen Beziehungen beherrschen soll, den privaten Bodenbesitz, der den Lohnschatz um den Betrag der Grundrente kürze und unser heutiges Geld, das die Erpressung des Zinses ermögliche. Die „Natürliche Wirtschaftsordnung" im Sinne Gesell's ist eben jene Ordnung, die, nach seiner Meinung, nach Beseitigung dieser Machtverhältnisse entstehen würde.[5])

Getrennt ist Gesell demnach von den Vertretern der Arbeitswertlehre lediglich durch ihre Auffassung, daß die Arbeitsleistung einen Vergleichsmaßstab für den relativen Wert der Güter abgebe. Da er diese Ansicht nicht teilt, lehnt er auch das Recht auf den vollen Arbeitsertrag ab, „sofern darunter das Recht des einzelnen auf den vollen Arbeitsertrag gemeint ist".[6]) Dagegen anerkennt er das Recht aller Arbeiter zusammen auf den gemeinsamen vollen Arbeitsertrag und hüllt es in die Forderung, „das ganze Arbeitsprodukt ohne irgendwelchen Abzug für Grundrente und Kapitalzins soll in den Lohnschatz ausgeschüttet und restlos unter die Schaffenden verteilt werden".[7])

Von dieser Annahme, daß die Arbeit der alleinige Kostenfaktor sei, weicht Gesell bei Besprechung der Bodenrente ab. Im Gegensatz zu seiner ursprünglich geäußerten Ansicht, daß dieselbe auf die Macht des Bodenbesitzers und den Ausschluß bedeutender Bevölkerungsteile vom Grundeigentum zurückzuführen sei,[8]) fördert seine Analyse den rein wirtschaftlichen Charakter der Erscheinung gut zutage. Und zwar vertritt er im Grunde eine Differentialrententheorie. Was der Grundeigentümer als Grundrente vom Pächter beziehen könne, entspricht nämlich nach Gesell der Differenz zwischen dem Ertrag des an der Anbaugrenze stehenden Bodens (des neu in Anbau genommenen Freilandes), mit dem Ertrag seines eigenen

---

[5]) Siehe unten S. 52 f.

[6]) N. W. O. S. 13.

[7]) N. W. O. S. 54.

[8]) Er will sie auf die Abhängigkeit stützen, in der sich die Nichtgrundbesitzer von den Grundeigentümern befinden sollen, was einer Monopolrententheorie entspräche. Die Eigentümer hätten es in der Hand, den Boden bebauen oder brach liegen zu lassen. Sie würden ihn nur dann bebauen lassen wenn sie ein Entgelt erhalten. „Darum wird auch jeder, der Boden braucht und sich an die Grundbesitzer wendet, sich regelmäßig und selbstverständlich zu einer Leistung (Pachtzins) bequemen müssen" (N. W. O. S. 15).

Bodens. Der Arbeiter d. h. der Pächter werde sich den Bedingungen des Grundeigentümers entziehen, wenn er durch Anbau von Freiland einen wesentlich höheren Ertrag erzielen kann. Solches Freiland gebe es noch in abgelegenen Gegenden; aber auch in den kultivierten Ländern sei noch unbebautes Land vorhanden, das durch entsprechenden Mehraufwand von Arbeit und Kapital urbar gemacht werden könnte (Freiland 2. Grades). Anderes Land hinwieder könnte in eine noch intensivere Bebauung (Sparlandkultur, wie Gesell sich ganz gut ausdrückt) übergeführt werden. Er bezeichnet letzteres als Freiland 3. Grades.[9])

Der Lohn des „Freiländers" sei bestimmend für denjenigen des Land- und Industriearbeiters, einen wesentlich höheren Lohn werde er nicht durchsetzen können, einen wesentlich niederern brauche er sich nicht gefallen zu lassen.[10])

Gesell sieht in der Grundrente das arbeitslose Einkommen, er hat stets das Pachtverhältnis im Auge. Die Grundrente würde aber in genau gleicher Weise bestehen, wenn der gesamte Boden in Kleinbauernbetriebe aufgeteilt wäre und jeder Bewohner am Bodenbesitz teilhätte, dann käme sie in der Ertragsdifferenz zum Ausdruck, die Gesell ja ebenfalls in seiner Rententheorie verwertet. Die guter Bodenqualität oder bevorzugter Lage zu verdankenden größeren Erträge bewirken eine entsprechend höhere Bewertung des betreffenden Bodens und einen höheren Preis von dessen Nutzung. Der Boden wird zu einem Kostenelement. Die Erscheinung der Grundrente knüpft demnach an einen rein wirtschaftlichen Tatbestand an, nicht aber an die Macht der Bodenbesitzer. Da, wie gesagt, Gesell den wirtschaftlichen Charakter der Bodenrente erkannt hat, sieht er auch ein, daß sie unabhängig ist von der Ordnung des Bodenrechts. Im Gegensatz zum Zins kann es sich für ihn deshalb nicht um die Beseitigung der Grundrente handeln, sondern nur um die Überführung derselben aus dem privaten Genuß in denjenigen der Allgemeinheit.

Hatte sich Gesell ursprünglich den Vorschlag Henry Georges zu eigen gemacht[11]), so trat er in seinem Hauptwerk für die Verstaatlichung des Grund und Bodens gemäß den von Flürscheim früher schon gemachten Vorschlägen ein, d. h. unter völliger Ent-

---

9) Die Vorstellung eines Freilands dritten Grades ist irrig. Welche Kultur die wirtschaftlich vorteilhafteste ist, darüber entscheidet mit dem Preis der Produkte der Preis der Produktionsfaktoren. Je nach demselben ist die vorteilhafteste Kombination eine verschiedene.

10) Gesell hat mit dieser Lehre für die Lohntheorie ein beachtenswertes Moment beigebracht, was anerkannt werden muß. Nur darf man sich seine Wirkung nicht so ausschließlich vorstellen wie er es tut. Kann es schon nur dort wirksam werden, wo es keinen allzu großen psychischen Widerständen begegnet, so wird es noch durch Einwirkungen anderer Art durchkreuzt. Siehe Kritik von Gesells Lohntheorie in § 13.

11) So noch in seiner um 1900 erschienenen Zeitschrift: Die Geld- und Bodenreform.

schädigung der Grundbesitzer und Versteigerung der Grundstückpachten an die Meistbietenden.[12]) Er nimmt an, daß der fallende Zinsfuß, die Folge der gleichzeitig an die Hand genommenen Geldreform, eine rasche Amortisation der gemachten Staatsschulden gestatte, so daß die Pachtzahlungen nach einiger Zeit restlos gemeinnützigen Zwecken (Verteilung an die Mütter) zugeführt werden könnten. Diese Behauptung steht und fällt natürlich mit der Richtigkeit von Gesells Zinslehre. Erweist sich diese als falsch, so wird das finanzielle Risiko ein starkes Bedenken gegen die vorgeschlagene Bodenverstaatlichung abgeben. Die Erörterung der übrigen Gründe für oder gegen dieselbe fällt außerhalb unseres Themas.[13])

Erkennt Gesell, daß die Bodenreform einen unmittelbaren Einfluß auf die Lohnhöhe nicht ausüben könne, weil der Wettbewerb unter den Pächtern die Pachtsumme für Boden guter Qualität und Verkehrslage hinaufschrauben müßte, so stellt sich ihm der Zusammenhang zwischen Lohn- und Geldreform in entgegengesetzter Weise dar. Parallel mit der Senkung des Zinsfußes, die als Folge der Geldreform eintreten soll, gehe eine Erhöhung der Löhne. Wir finden in seinem Buch zwei verschiedene Begründungen seiner These. Einmal soll der sich fortschreitend reduzierende Zinsfuß eine Erleichterung und Verbilligung der Rodung und Urbarmachung bisher unbebauter Gebiete herbeiführen, wodurch der Ertrag des Freiländers und durch diesen der Lohn des Land- und Industriearbeiters in den kultivierten Gegenden gesteigert würde.[14]) Nach der andern Version soll die mit der Verbilligung des Zinssatzes Hand in Hand gehende Vermehrung des Realkapitals eine erhöhte Nachfrage nach Arbeitskräften zur Folge haben und dadurch auf den Lohn einwirken.[15])

Welches ist nun der Zusammenhang, der bei Gesell zwischen der Boden- und der Geldreform besteht? Erstere ist gegen die Grundrente, letztere gegen den Zins gerichtet, aber eine innere Verbindung beider Reformen fehlt. Woher kommt das? Die Bodenrente ist eine besondere Form des Vermögensertrags. Ihr zur Seite steht der Kapitalgewinn, aus dem, wie wir sehen werden, der Zins fließt. Da Gesell den Kapitalgewinn verkannte, übersah er auch den Zusammenhang des Zinses mit der zweiten Form des Vermögensertrags, der Grundrente. Die Einführung des Freigeldes soll nach unserem Autor das Sinken und schließliche gänzliche Verschwinden des Zinses zur Folge haben, unabhängig von jeder Bodenreform und demnach unbeschadet des Weiterbestehens der Grundrente.

---

[12]) Vgl. N. W. O. S. 59 ff.

[13]) Ich darf vielleicht verweisen auf die kurzen Bemerkungen Prof. Sievekings zu dieser Frage in seinem Aufsatz „Freiland, Freigeld" in der Zeitschrift f. Schweiz. Statist. u. Volksw. 1. Heft 1920.

[14]) N. W. O. S. 48.

[15]) Siehe Aufs. „Zinsfreie Darlehen" in Zeitschr. Geld- und Bodenreform, 2. Jahrg. 1904, S. 48 (auch separat erschienen).

Anders dachte Flürscheim hierüber. Da er in der Grundrente die eine Quelle des Zinses erblickte, konnte er nur dann hoffen, letzteren wirksam zu bekämpfen, wenn der Boden in das Gemeineigentum übergegangen war. Die Bodenreform ist daher für ihn Voraussetzung einer wirksamen Geldreform. Hierin hat er zwar klarer gesehen, aber der Zusammenhang zwischen Grundrente und Zins ist nur ein indirekter. Diese beiden Einkommenszweige haben verschiedene Ursachen, geht doch jeder von ihnen auf die Knappheit eines andern Produktionsfaktors zurück. Erst die Freizügigkeit des Bodens und die Ausbreitung der Geldrechnungsform in der Landwirtschaft ließen die Grundrente als eine Verzinsung des im Boden investierten „Kapitals" erscheinen, so daß dessen Wert nun durch die Kapitalisierung des Ertrags festgestellt wurde. Dieser Ertragswert ist vom Zinsfuß abhängig. Ein Sinken des Zinsfußes auf null müßte von einem Steigen des Bodenwertes auf die Größe unendlich begleitet sein, was undenkbar ist. Aber das Hindernis für diese Entwicklung liegt nicht in erster Linie im privaten Bodenbesitz, sondern in den Verhältnissen der Produktion.[16])

Es mag von Interesse sein, daß auch Proudhon die Tauschreform gedachte durch eine Bodenreform zu ergänzen. Wie bei Gesell steht diese ohne jeden Zusammenhang mit der Geldreform, erwartet er doch von dieser das Sinken des Mietzinses und des Vermögensertrags überhaupt auf die einfachen Unterhaltskosten.[17]) Erst später taucht die Idee einer Bodenreform auf. Diese wollte den Pächter nach Entrichtung gewisser Annuitäten zum Eigentümer machen und jenen gegenüber den Gemeinden zu Zahlungen verpflichten, die nach Lage und Qualität des Bodens abgestuft wären und offenbar der Bodenrente entsprechen sollten. Zwischen den Gemeinden solle ein Ausgleich stattfinden. Die Verfügung über den Boden will Proudhon den Bauern belassen.[18])

§ 8.

Die Idee des Freigeldes.

Wenn durch die Geldreform der Zins wirksam bekämpft werden soll, so muß offenbar angenommen werden, daß der Zins vom Geld bedingt sei. Gesell leitet denselben denn auch, im Anschluß an Proudhon, von der „Überlegenheit des Geldes gegenüber den Waren" ab. Die Macht des Goldes, das von Proudhon mit dem Geld identifiziert wurde, stammt, dem französischen Tauschsozialisten zufolge, von der Konstituierung des Edelmetalls. Anders und umständlicher muß Gesell die Überlegenheit des Geldes zu erweisen suchen, da er für diese These in der Wertlehre keine Stütze findet.

[16]) Siehe unten § 15.

[17]) Vgl. Intérêts et Principal, S. 33.

[18]) Vgl. Idée générale de la Révolution au 19me siècle. Paris 1851. S. 228 ff.

Die den Zins bedingende Macht des Geldes sucht Gesell in der Eigenschaft desselben, verlustlos aufbewahrt werden zu können, währenddem die Waren einem ständigen Stoffverlust unterworfen seien. „Die Gegenstände, die das Angebot vertreten, verderben, sie werden leichter, schlechter, fallen gegenüber den frischen Erzeugnissen ständig im Preise.“ „So hat jede Ware ihren besonderen Feind, den Bruch für Glaswaren, die Motten für Pelzwaren, Rost für Eisenwaren, die Krankheiten für Tiere und zu diesen Einzelfeinden gesellen sich noch gemeinsame Feinde, die für alle Waren gelten, Wasser, Feuer, Diebe usw. und der Sauerstoff der Luft, der langsam aber sicher alles verbrennt.“[1]) Anders das Geld, die Nachfrage. „Aus Gold hergestellt, einem Edelmetall, das, wie schon diese Bezeichnung andeutet, eine Ausnahmestellung unter den irdischen Stoffen einnimmt und sozusagen als Fremdkörper dieser Erde betrachtet werden kann, widersteht es siegreich allen Zerstörungskräften der Natur.“[2]) Daraus folgere, „daß man, dank der Beschaffenheit des herkömmlichen Geldes, die Nachfrage (also das Angebot des Geldes) von einem Tag, von einer Woche, von einem Jahr zum andern verschieben kann, ohne unmittelbare Verluste zu erleiden — während das Angebot (das Angebot der Waren) durchweg nicht um einen Tag zurückgehalten werden kann, ohne daß der Besitzer Unkosten aller Art erleidet“.[3]) Während also das Warenangebot unter einem unmittelbaren Zwang stehe, es jeden Augenblick gleich dem gesamten Gütervorrat sei, sei die Nachfrage frei, den Zeitpunkt des Kaufes zu wählen. „Die Ware befiehlt, duldet keinen Widerspruch, das Gold ist geduldiger Diener seines Herrn.“ Wenn nun die Nachfrage sich diese Freiheit zunutze macht und vom Markt fernbleibt, dann, folgert Gesell, „wirkt der Zwang, dem das Angebot unterworfen ist, dahin, daß das Angebot die Nachfrage aufsucht, ihr entgegeneilt, sie herauszulocken sucht durch Anbieten irgendeines Vorteils“.[4]) Infolge dieses Sachverhalts vermöge der Kaufmann „von den Warenbesitzern eine besondere Vergütung dafür zu erzwingen, daß er darauf verzichtet, den Austausch der Waren durch Festhalten des Geldes willkürlich hinauszuziehen, d. h. zu verschleppen und nötigenfalls ganz zu verhindern“.[5]) Diese Vergütung, die das Geld von den Waren dafür erheben könne, daß es den Austausch vermittle, nennt Gesell Urzins. Diesen Tribut müsse es haben, sonst versage es seine Dienste. „Kann aus irgendeinem Grunde das Geld seinen gewohnten Tribut nicht erheben, so bleiben die Waren liegen, sie verderben, verfaulen, verzehren (Krise).“[6])

---

[1]) N. W. O. S. 177.
[2]) S. 179.
[3]) S. 176, Kritik siehe unten S. 84 ff.
[4]) S. 180.
[5]) N. W. O. S. 326.
[6]) S. 181.

Wollte Proudhon das Geld dadurch entthronen, daß er die Güter mit unmittelbarer Kaufkraft ausstattete, so wählt Gesell den entgegengesetzten Weg. Das Geld soll Tauschmittel bleiben, aber seiner Vorzüge vor den andern Gütern verlustig gehen. „Geld, das wie eine Zeitung veraltet, wie Kartoffeln fault, wie Eisen rostet, wie Äther sich verflüchtigt, kann allein sich als Tauschmittel von Kartoffeln, Eisen und Äther bewähren.“[7]) Es soll des Vorzugs beraubt werden, verlustlos aufbewahrt werden zu können. Das Geld habe nur eine Funktion, „es ist Tauschmittel, nichts anderes“. Als solches soll es den Austausch der Waren erleichtern, die Schwierigkeiten des Tauschhandels umgehen, dürfe aber nicht als Sparmittel dienen und dadurch seinem Zweck entfremdet werden.

Wenn das Geld als Ware den übrigen Waren gleichgestellt sei, biete es sich auf dem Markt ebenso willenlos an wie diese. „So wird die Nachfrage unter allen denkbaren Verhältnissen immer mit der von den gegebenen Handelseinrichtungen gestatteten Umlaufsgeschwindigkeit der vom Staate beherrschten Geldmassen übereinstimmen.“[8]) Der Geldbesitzer werde nun für die Hergabe des Geldes keine Extravergütung mehr verlangen können. „Bedingungslos soll der Mann sein Geld verleihen, sonst muß er gehalten werden, selber Ware zu kaufen oder seine eigenen Produkte zurückzukaufen.“[9])

Es muß anerkannt werden, daß Gesell klug jene Klippen zu umgehen weiß, an denen die früheren Vorschläge scheiterten. Lief Proudhons Geld- und Kreditreform auf die Schaffung eines Papiergeldes hinaus, das wegen des Fehlens eines natürlichen Rückflusses zur Ausgabestelle und der vorgeschlagenen zinslosen Kreditgewährung einer sicheren und raschen Entwertung anheimfallen mußte und war Solvay mit seiner Ansicht, die auf sich selbst gestellte Geldeinheit bleibe stabil, unbeschadet der befolgten Kreditpolitik das Opfer eines schweren Irrtums geworden, so ist sich Gesell wohl bewußt, daß jede überreichliche Geldemission einer Preissteigerung rufen muß. Er sucht daher die Lösung des Zins- und Zirkulationsproblems nicht mehr in der unentgeltlichen Gewährung von Darlehen durch eine Zentralstelle oder in einer Ausdehnung der Kreditgewährung, die nur durch Schaffung neuer Kaufkraft möglich wäre. Im Gegenteil wünscht er, daß die Geldemission genau dem Preisstand angepaßt werde, Abweichungen vom festgestellten „mittleren Warenpreis“ durch die Ausgabe oder den Einzug von Geld korrigiert werden. „Das Geld soll über Ort und Zeit hinweg ewig denselben Preis erzielen, den es heute hat,“[10]) sagt Gesell. Also, Unentgeltlichkeit des Kredits, Aufhören der Zinswirtschaft, aber Vermeiden von Inflation und Geldentwertung, fürwahr ein großes Ziel. Doch wie soll es erreicht werden?

---

[7]) S. 238.
[8]) S. 339.
[9]) N. W. O. S. 199.
[10]) S. 152.

Gesells Geldreform zeichnet sich von den bisher betrachteten Vorschlägen dadurch aus, daß sie ihm nur Wegbereiter für die sukzessive und automatisch eintretende Zinsreduktion ist. Sie will diese nicht unmittelbar bewirken wie alle bisherigen Reformen. Der Gedanke ist folgender. Das Geld habe wegen seiner Überlegenheit gegenüber den Waren bisher einen „Urzins" erpressen können, dem sich der „Realzins" gezwungenerweise stets habe anpassen müssen. Mit der Beseitigung der Macht des Geldes werde die Erpressung des „Urzinses" unmöglich und ein stetes Sinken des „Realzinses" veranlaßt.[11]) Nebenher gehe die Vermehrung dessen, was Gesell „Realkapital" nennt. Wegen der Unmöglichkeit, das Geld aufzubewahren und die Nachfrage hinauszuschieben, werde das Währungsamt nach der Geldreform Herr der schwankenden Marktlage, der Konjunkturen sein, denn nun „kann dasselbe durch Ausgeben und Einziehen von Geld die Nachfrage ganz nach den Bedürfnissen des Marktes abstimmen." „Das Währungsamt verfertigt jetzt die Nachfrage, genau wie der Staat Briefmarken herstellt, genau auch wie die Arbeiter das Angebot machen...... So ist das Währungsamt Beherrscher der Marktlage, und das bedeutet wieder nichts weniger als daß wir nun auch die Wirtschaftskrisen, die Arbeitslosigkeit überwunden haben."[12])

Wie sieht nun das Geld aus, welches all das herbeiführen soll? Sein Aufbewahren soll mit Verlust verbunden sein, wie dasjenige der Waren. Deshalb ist vorgesehen, daß es von Woche zu Woche um ein ‰ des Nennbetrags weniger gelten soll. Bei einer zu leistenden Zahlung von 100 Fr. wären zum Hundertfrankenschein hinzu noch Zuschläge zu entrichten, und zwar vom 8. bis 14. Januar 10 Rp., vom 15. bis 21. Jan. 20 Rp. und so fort, jede Woche 10 Rp. mehr, bis der Zuschlag in der letzten Dezemberwoche auf Fr. 5.10 angestiegen wäre. Je nach den Umständen könne der Satz auch erhöht werden. Dieser Zuschlag wäre durch Aufkleben von Marken auf den Hundertfrankenschein zu entrichten.[13]) Die aus Papier hergestellten Geldscheine sollen nur dann ihre gesetzliche Zahlkraft haben, wenn sie mit der genügenden Zahl Marken beklebt sind. Trifft dies nicht zu, so wird ihre Geltung um den Betrag der fehlenden Marken geringer sein, welchen Betrag der Zahlungsleistende über die entrichtete Geldsumme hinaus wird vergüten müssen. Ende eines jeden Jahres sollen die Geldscheine in neues Geld umgewechselt werden, wobei die alten ihrer Zahlkraft verlustig erklärt würden. Eventuell noch fehlende Marken wären vom dannzumaligen Besitzer an den Staat zu entrichten.

In seinen früheren Schriften hatte Gesell statt der aufzuklebenden Marken die einfache, wöchentlich eintretende Entwertung

11) Näheres nebst Kritik siehe unten S. 91 ff.
12) **N. W. O. S. 251.**
13) **S. 240 ff.**

der Geldscheine vorgesehen, welche durch Nachbezahlung des Fehlbetrags jeweils hätte ausgeglichen werden müssen.[14]) Wegen der Erschwerung der Zahlungstechnik (Notwendigkeit beständigen Umrechnens) gibt er nun ersterem Verfahren den Vorzug. Ein anderer Vorschlag stammt von Christen. Statt das Geld jährlich um 5% an Geltung verlieren zu lassen, könne auch der Preisstand um eben diese Quote jährlich erhöht werden, was einer Entwertung des Geldes um 5% gleichkomme.[15]) Das Währungsamt beherrsche ja durch das Geldangebot den Preisstand. Um diese regelmäßig wiederkehrende Geldentwertung für die Gläubiger und Bezieher fester Einkommen unwirksam zu machen, sollen diese gesetzlichen Anspruch auf die Vergütung der seit Abschluß des Kontraktes bis zum Datum der Zahlung eingetretenen Geldentwertung haben. Dieser Vorschlag setzt nicht nur die Ansicht voraus, daß es möglich sei, den Preisstand durch die Geldpolitik genau zu regeln, sondern auch die weitere, daß alle Preise sich gleichmäßig erhöhten, eine Annahme, die in nichts begründet ist. Da Gesell den Vorschlag Christens nicht aufgenommen hat, darf man vielleicht annehmen, daß er dieser Auffassung nicht beipflichtet.

Durch diese Maßregeln soll das Geld seiner Privilegien beraubt und zu einem „Äquivalent der Waren" werden. Ob die hierauf begründeten Hoffnungen der Kritik standhalten, werden wir später sehen.

§ 9.

Die Sozialtheorie der Freigeldlehre in ihren Beziehungen zu Proudhon, Herbert Spencer und Solvay.

Sowohl Proudhon als auch die Vertreter der Freigeldlehre wollen durch ihre Reformen einen Gesellschaftszustand der allgemeinen Freiheit und Gleichheit herstellen. Beide sind gleichermaßen von der Idee durchdrungen, daß sich nach Beseitigung der Besitzprivilegien ein derartiger Zustand von selbst ergebe und verhalten sich zu weiteren Staatseingriffen und überhaupt zu jeder autoritären Regelung gleich feindselig. So einig sie aber in bezug auf das Ziel sind, so verschieden ist ihr ethischer Ausgangspunkt und damit die Begründung ihrer Sozialphilosophie. Ist Proudhon entschiedener Anhänger der idealistischen Ethik, so sind jene Vertreter von

---

14) Vgl. Neue Lehre vom Geld und Zins, S. 141 ff.

15) Vgl. Dr. Th. Christen, „Die Durchführung der absoluten Währung" in Annalen des Deutschen Reiches, 1917, S. 742 ff. Christen taufte dieses System mit dem schönen Namen „Dynamische Doppelwährung". Dynamisch, weil es sich durch Mehr- oder Minderausgabe von Geld dem allgemeinen Preisstand anpasse, Doppelwährung deshalb, weil für alle, früheren Verpflichtungen entsprungenen Zahlungen ein Zuschlag entrichtet werden müßte und somit die „absolute Währung" gelte, während ein gewöhnliches Papiergeld zirkuliere und sich der Preisstand um 5% im Jahr erhöhe.

„Freigeld“, die sich überhaupt mit sozialtheoretischen Fragen beschäftigt haben, beeinflußt von der soziologisch-entwicklungstheoretischen Schule Herbert Spencers und müssen der sozialeudämonistischen Richtung zugezählt werden.

Die Gerechtigkeit ist Proudhon oberste Norm. Er sieht sie nicht als einen über den Menschen und ihrem Tun schwebenden abstrakten Begriff, sondern legt sie im offenbaren Anschluß an Kant in unser Gewissen. Das in unserem Gewissen als einer Fähigkeit der Seele sich offenbarende Gefühl für Gut und Böse, das Gefühl der eigenen Würde und eben deshalb auch für diejenige des Nächsten, soll die Norm für unsere Handlungsweise abgeben.[1] Bekämpft Proudhon jede Art Autorität, auch die von der Religion über des Menschen Geist ausgeübte, so führt ihn hingegen sein Begriff der Gerechtigkeit zur Auffassung der Pflicht, die uns gebiete, unser Interesse demjenigen des Nächsten oder der Gemeinschaft unterzuordnen. Die Auffassung von der Gerechtigkeit als der von der Stimme des sozialen Gewissens und der Vernunft geforderten Unterordnung des Egoismus unter das Gesamtinteresse bildet den eigentlichen Inhalt von Proudhons Ethik und den Ausgangspunkt seiner Sozialphilosophie. Damit die wahre, auf den Willen der freien Persönlichkeit gegründete Gerechtigkeit sich entfalten könne, müsse Freiheit von äußerem Zwang bestehen. Die Freiheit im Sinne des liberalen Wirtschaftssystems ist für Proudhon Vorbedingung für die Verwirklichung seines Gerechtigkeitsideals.[2] Die Theorie von der Gegenseitigkeit im Tausch enthält dessen Anwendung auf die Wirtschaft und erhält dort, wie wir erkannt haben, neben der Bedeutung einer höheren Norm auch diejenige der natürlichen Tauschbeziehungen, deren Verwirklichung die Auflösung der ökonomischen Widersprüche mit sich bringe. Deshalb glaubt Proudhon, die Tauschreform werde die Staatsautorität überflüssig machen.

Von ganz anderen Anschauungen geht die mit dem Namen Spencers verbundene Begründung der liberalen Wirtschaftspolitik und Staatsmaxime aus, die auch auf die Auffassungen der Freigeld-Theoretiker Einfluß gewinnen sollte. Diese Sozialphilosophie, eine Anwendung biologischer Lehren von der Entwicklung der Lebewesen auf die Gestaltung der menschlichen Gesellschaftsorganisation, geht von der Voraussetzung aus, daß alles Leben aus einer Wurzel erwachse, daß demnach das menschliche Leben dem ursprünglichen Wesen nach eins sei mit allem andern Leben.[3] Daraus wird dann

[1]) Proudhon hat in seinem Werk: De la justice eine zusammenfassende Darstellung seiner Ethik und seiner Stellung zur Religion, Familie und Staat gegeben. Siehe Näheres bei Karl Diehl: P. J. Proudhon, III. Teil, 4. Kapitel, speziell S. 162 ff.

[2]) Diehl a. a. O. S. 170.

[3]) Siehe J. M. Bösch: Die entwicklungsgeschichtliche Idee der sozialen Gerechtigkeit, eine Kritik und Ergänzung der Sozialtheorie Herbert Spencers, Zürich 1896, S. 167 ff.

gefolgert, daß die physiologische und psychologische Höherentwicklung der Menschen den allgemeinen Gesetzen der Entwicklung aller Lebewesen unterworfen sei.

In Anwendung eben dieser Lehre sagt Gesell: „Wie bei allen Lebewesen, so hängt das Gedeihen der Menschen in erster Linie davon ab, daß die Auslese nach den Naturgesetzen sich vollzieht.“ [4]) Von dieser Auffassung ausgehend verlangt die entwicklungstheoretische Ethik eines Spencer und seiner Anhänger, daß die Ordnung, welche die Bedingungen des Vollzugs des menschlichen Lebens regle, in ihren Grundformen übereinstimme mit eben jenen Bedingungen, unter denen sich alles andere Leben entfalte. Der Mensch soll so gut wie alle andern Lebewesen die Folgen eines tüchtigen und untüchtigen Verhaltens an sich selbst verspüren.

Das jeder Höherentwicklung zugrunde liegende Prinzip wird in der „natürlichen Auslese“ gefunden, d. h. im Überleben der Passendsten, das dadurch garantiert sei, daß die lebenstüchtigsten Individuen einer jeden Art die höchste, die am schlechtesten angepaßten Individuen die geringste Chance hätten, sich und ihre Nachkommen bei Leben und Gedeihen zu erhalten. Keine andere Lehre wird von den Anhängern vom „Freiland und Freigeld“ vertreten, wenn sie den Kampf ums Dasein als Faktor der Entwicklung preisen. „Er läßt das Schwächliche, Minderwertige, Genußunfähige schneller verschwinden als das Starke, Lebensfähige, das so seine Eigenschaften leichter vererben kann. Er läßt die Lust über die Unlust, die Freude über das Leid immer wieder siegen. Der Kampf ums Dasein ist der wahre Segensspender.“ [5])

Diesen Faktor der Höherentwicklung, so argumentieren die Anhänger dieser Auffassung, auch in der menschlichen Gesellschaft möglichst aktiv zu erhalten, müsse das Ziel einer richtigen Gesellschaftsordnung sein. Diese habe demnach im Interesse der Menschheitsentwicklung auf individualistischen Grundsätzen zu beruhen. Deshalb sagt Zimmermann, ein anderer Anhänger von „Freigeld“, eine vollkommene Gesellschaft lasse sich nur denken bei vollkommenen Gliedern, wie auch umgekehrt die Vollkommenheit der Einzelmenschen nur möglich sei bei Vollkommenheit der ganzen Arbeitsgemeinschaft. Das Ziel der Vollkommenheit sei daher nur erreichbar, „wenn das Zielstreben der individuellen Entwicklung sich ungehemmt auswirken kann, wenn die Organe für sich vollkommene Organismen werden, wenn nicht die Entwicklung der einen die Verkümmerung der anderen bedeutet.“ [6])

---

[4]) N. W. O., Vorwort zur 3. Aufl., S. III.

[5]) So E. Frankfurth in: Das arbeitslose Einkommen, Arosa und Leipzig 1906, S. 4.

[6]) Werner Zimmermann: Was ist Sozialismus? A. Francke, Bern 1919.

Neben dem Kampf ums Dasein will die Freigeldlehre noch einen andern Faktor für die soziale Auslese fruchtbar machen, das „Zuchtwahlrecht der Frauen". Durch die Verteilung der nach Abtragung der Staatsschuld überschüssigen Pachtgelder an die Mütter, gemäß der Zahl ihrer Kinder, sollen diese wirtschaftlich unabhängig werden. Davon verspricht sich Gesell, daß bei der Gattenwahl „die geistigen, körperlichen und vererbungsfähigen Vorzüge statt des Geldsacks den Ausschlag geben",[7]) wodurch die natürliche Auslese wesentlich unterstützt werde.

E. Solvay geht von ähnlichen Auffassungen aus, wie die Freigeldlehre. Ein großes Gesetz, meint er, beherrsche alles Leben, der Kampf um die bessere Existenz. Er nennt dasselbe „Energétisme social".[8]) Ihm sei auch der Mensch wie alle andern Lebewesen unterworfen, mit dem Unterschied jedoch, daß sich der Mensch bei seinem Kampf um die bessere Existenz der Hilfsmittel der Wissenschaft bedienen könne. Beruhe aber die menschliche Entwicklung auf denselben Grundprinzipien, wie das Naturgeschehen, so könne sich der menschliche Wille auf die Dauer denselben nicht entziehen.[9]) Die Gesellschaft strebe mit Naturnotwendigkeit jener Ordnung zu, welche ihr die bestmögliche Existenz und die vorzüglichsten Bedingungen zu einer gedeihlichen Weiterentwicklung gewährleiste. Diese Gesellschaftsordnung soll nun eben jene sein, die uns Solvay unter dem Namen „Productivisme" vorzeichnet. Sie bedeutet demnach Solvay sowohl den Idealzustand als das notwendige Ziel. Hierin ist der Einfluß der positivistischen Schule zu erkennen.

Das Zusammenleben der Menschen, das unter weitgehender Arbeitsteilung sich vollzieht, erfordert aber, daß sich der einzelne Beschränkungen seines Tuns auferlege. Die Lebensbedingungen der Menschen sind nicht dieselben wie die der übrigen Lebewesen. Spencer erblickt in diesem Umstand gerade eine Gefahr dafür, daß eine soziale Ordnung entstehe, welche die Aktion der natürlichen Auslese unterbinde. Um diese Gefahr zu vermeiden, müsse die geschaffene Rechtsordnung die Beschränkung der freien Betätigung der Individuen auf demjenigen Minimum erhalten, das notwendig sei, um gegenseitige Störungen in der Ausübung der freigewählten Tätigkeit möglichst zu vermeiden. Spencer nahm an, daß die individualistische Wirtschaftsordnung die beste Gewähr für eine, den Bedingungen der Höherentwicklung entsprechende Proportionalität von Leistung und Entgelt, von Tüchtigkeit, persönlichem

---

[7]) Vgl. S. Gesell, N. W. O. S. 75.

[8]) Notes sur le Productivisme et le Comptabilisme, S. 36 u. 164.

[9]) Solvay meint, wenn es gelinge, den Gang der Gesellschaft zum voraus zu erkennen, könne man mit Sicherheit schließen, daß die Entwicklung, wenn sie nicht gemäß dieser Formel vor sich gehe, soziale Erschütterungen von Zeit zu Zeit erzeugen müsse, welche automatische Reaktionen des Gesellschaftsorganismus darstellten.

Verdienst und Wohlergehen biete. Er prägte die Formel, die Freiheit eines jeden dürfe nur soweit eingeschränkt werden, daß auch allen andern die gleiche Freiheit gesichert sei. Mit diesem Prinzip ist in der praktischen Politik nichts anzufangen, denn das menschliche Zusammenleben und die Arbeitsteilung bedingen, daß die Bewegungsfreiheit, aber auch die Verantwortlichkeit der einzelnen sehr ungleich bemessen sind. Der von Spencer verfochtene Grundsatz der Nichteinmischung des Staates in das Wirtschaftsleben müßte die unumgängliche Verschiedenheit der Freiheitssphäre der Individuen noch vergrößern. Die von der neueren Sozialpolitik erstrebten und zum guten Teil bereits verwirklichten Beschränkungen der Freiheitsrechte (namentlich der Vertragsfreiheit) verengen freilich die Freiheitssphäre der besitzenden und herrschenden Bevölkerungsklasse, bringen aber als Korrelat die Erweiterung der Freiheitssphäre der besitzlosen und abhängigen Bevölkerungsschicht mit sich.

Im Gegensatz zu Spencer sind die Freigeld-Anhänger der Ansicht, daß der Existenzkampf auf der Grundlage der heutigen Wirtschaft nicht mit gleichen Waffen ausgefochten werde und daher der Tüchtigste keineswegs die besten Chancen aufweise. Der heutige Kampf werde unter Privilegien ausgefochten, wobei die Privilegierten einen weiten Vorsprung besäßen. „Bei einem solchen Kampf siegt nicht der Tüchtigere, da siegt der am besten Geschützte."[10]) An diesem Zustand sei jedoch das Prinzip der Handelsfreiheit unschuldig. Wenn man ursprünglich der Meinung gewesen sei, die Beseitigung aller rechtlichen und politischen Privilegien genüge, um auch eine Zersplitterung des Eigentums und eine dauernde Reduktion des Zinses herbeizuführen, so habe man nicht die Wirkung der Handelsfreiheit falsch eingeschätzt, sondern nur übersehen, daß noch nicht alle Vorbedingungen erfüllt seien, damit sie eine solche Wirkung erzeugen könne.[11])

Diese Voraussetzung für die bedingungslose Anwendung der Politik des „laisser faire et laisser passer", welche die liberalen Wirtschaftspolitiker der früheren Epoche nicht beachtet haben sollen, bestünden in der Beseitigung des Boden- und des Geldmonopols. Dann erst bestünde wahre „Freiwirtschaft", wenn durch diese Reformen wirtschaftliche Übermacht und Übervorteilung ausgeschlossen seien, der Staat aber, abgesehen von der Durchführung dieser Reformen, die Hand von der Wirtschaft lasse.[12]) Unter „natürlicher Wirtschaft" versteht Gesell eine Ordnung, „in der die Menschen den Wettstreit mit der ihnen von der Natur verliehenen Ausrüstung

[10]) So E. Frankfurth a. a. O. S. 7.

[11]) N. W. O., Vorwort S. VI, sowie Art. „Handelsfreiheit" in der Zeitschr. Die Geld- und Bodenreform, 1. Jahrg. 1903 Nr. 1.

[12]) Vgl. „Freiwirtschaft", von einem Unbeugsamen, herausgeg. vom deutschen Freiland-Freigeld-Bund, Berlin 1919.

auf vollkommener Ebene auszufechten haben, wo demnach dem Tüchtigsten die Führung zufällt, wo jedes Vorrecht aufgehoben ist und der einzelne, dem Eigennutz folgend geradeaus auf sein Ziel lossteuert, ohne sich in seiner Tatkraft durch Rücksichten ankränkeln zu lassen, die nicht zur Wirtschaft gehören und denen er außerhalb ihrer immer noch genug Frondienste leisten kann."[13]) Mit der Verwirklichung dieser wahren Freiwirtschaft würden, meint Gesell, auch die heutigen Klassen von selbst verschwinden, ein Glaube, den wir für den Sozialismus überhaupt als charakteristisch bezeichneten und dem u. a. auch Karl Marx im Kommunistischen Manifest Ausdruck verlieh.[14]) Die Beseitigung der Klassengliederung und das Aufhören der Klassenkämpfe werde von selbst auch dasjenige des Staates, wenigstens in seiner heutigen Form, zur Folge haben, denn der Grund für seine Existenz, Schutz der bevorrechteten Minderheit vor den Angriffen einer Mehrheit, werde dann hinfällig.[15]) Sein Abbau könne bis auf das Verkehrswesen, Geld, Post, Eisenbahnen, Telegraph, Schiffahrt, den gesamten heutigen Staatsbetrieb umfassen. Schule und Kirche würden nur mit Vorteil für die kulturelle Entwicklung auf sich selbst gestellt. Die Ministerien für Handel und Industrie und für soziale Angelegenheiten hätten mit der Verwirklichung der natürlichen Wirtschaftsordnung ihre Existenzberechtigung verloren.[16]) Ferner werde die endgültige Aufhebung der Interessenkonflikte und Streitigkeiten im Innern des Volkskörpers auch die zwischenstaatlichen Interessengegensätze verringern. Sei erst einmal die Erde der gemeinsame Besitz der ganzen Menschheit und hätten nicht mehr einzelne, auch nicht einzelne Völker ein ausschließliches Recht auf bestimmte Bodenteile, sei ferner das Gold als Tauschmittel aus der Welt geschafft, so seien die Kriege für immer beseitigt.[17]) Dann bedürfe man weder einer Armee noch eines Kriegs- und Marineministeriums, noch der auswärtigen Politik mehr. Der Abbau des Staates sei dann vollendet.

Eine weit tiefere Begründung des Anarchismus hat uns **Proudhon** geschenkt. Die Quelle seiner anarchistischen Doktrin liegt, wie schon erwähnt, in seiner Ethik, aber auch in seinem

[13]) N. W. O., Vorwort S. V, sowie „Abbau des Staates", Denkschrift an die zu Weimar versammelten Nationalräte, Berlin 1919 S. 7.

[14]) Nach Marx beruht alle bisherige Gesellschaft und damit der Staat auf dem Gegensatz unterdrückender und unterdrückter Klassen. Die Beseitigung der heutigen Produktions- und Herrschaftsverhältnisse durch den Sozialismus werde dagegen die Klassengegensätze überhaupt aufheben, womit die öffentliche Gewalt den politischen Charakter verliere. „An die Stelle der alten bürgerlichen Gesellschaft mit ihren Klassen und Klassengegensätzen tritt eine Assoziation, worin die freie Entwicklung eines jeden die Bedingung der freien Entwicklung aller ist" (Kommunist. Manifest S. 45).

[15]) Silvio Gesell, Abbau des Staates, S. 5f.

[16]) A. a. O. S. 14ff.

[17]) „Freiland, die eherne Forderung des Friedens", Zürich 1917 und „Gold und Frieden", Bern 1916.

Rationalismus. Religion und Autorität gehören der Vergangenheit an, an ihre Stelle trete die Vernunft. Der Mensch sei dazu gelangt, meint er, die Idee der Wissenschaft zu erringen, d. h. eines Systems, das der Realität der Dinge entspreche und aus der Beobachtung gezogen sei. Auf diesem Gipfel angelangt, begreife er endlich, daß die politische Wahrheit unabhängig sei vom souveränen Willen. Jede Form des Staates, ob aristokratisch oder theokratisch, monarchisch oder republikanisch, sei versteckte Unterdrückung von Menschen durch andere Menschen.[18]) Dieser Staat könne, sobald durch die Tausch- und Kreditreform, zu der später noch die Bodenreform hinzukam, der Einklang und die Harmonie der Interessen hergestellt sei, in einzelne, sich selbst regierende Gemeinden aufgelöst werden. An die Stelle des Gesetzes habe der Vertrag zu treten, der, weil seine Verbindlichkeit auf freier Zustimmung beruhe, Vergewaltigungen ausschließe und die Beziehungen zwischen den Menschen nach der Vernunft ordnen werde. Ein einziges Gesetz werde alle andern ersetzen können und dieses laute: Tu andern nicht, was du willst was man dir tue, handle gegenüber andern, wie du wünschest, daß man an dir handle.[19]) In späteren Jahren begnügte sich Proudhon mit der einfachen Forderung einer möglichst dezentralisierten Regierung und autonomer Gemeinden.

Proudhons Lehre, sowohl wie diejenige Gesells, wurzelt im Glauben an die Macht der Freiheit, im Glauben darauf, daß es eine natürliche Harmonie der Interessen und Willen gebe und es nur an äußeren Verhältnissen, an künstlich geschaffenen Hemmungen liege, wenn diese Harmonie heute noch nicht bestehe.

Aber sowohl Gesell als auch Proudhon verstricken sich dadurch in einen gewissen Widerspruch, daß sie sich keineswegs scheuen, die Hilfe des Staates bei der Durchführung der von ihnen vertretenen Reformen in Anspruch zu nehmen. Bei Proudhon ist es vor allem die Idee des konstituierten Wertes, die nicht ohne staatliche Autorität hätte verwirklicht werden können. Hinzu tritt die seinem ersten Projekt der Tauschbank vorangestellte Forderung, den Wert aufzuhalten und herabzusetzen. Er verlangt dort vom Staat nichts weniger als eine gesetzliche Herabsetzung aller Löhne, Besoldungen, Zinsen, Renten und sonstiger Einkünfte nach progressiver Skala und parallel damit die Reduktion aller Preise, ein Vorschlag, der uns sehr sonderbar anmutet. Auch bei der Durchführung der später hinzutretenden Bodenreform hätte der Staat durch die Festsetzung der Entschädigungen und der an ihn zu entrichtenden jährlichen Vergütungen für die Bodenbenutzung eine aktive Rolle zu spielen.

Bei Gesell steigt der Widerspruch zwischen dem Ideal der vom Staat unbeeinflußten natürlichen Wirtschaft und der Forde-

[18]) Vgl. P. J. Proudhon, Qu'est-ce que la Propriété? S. 237ff.
[19]) Vgl. Idée générale de la Révolution au 19me siècle. S. 150.

rung der Staatseinmischung noch an. Er schenkt dem angefeindeten und für alle möglichen, vor allem auch kulturelle Aufgaben unbrauchbar befundenen Staat ein ganz erkleckliches Stück Vertrauen, wenn er ihm die Notenpresse überlassen und die Aufgabe überbürden will, durch das Mittel der Geldausgabe einen ständigen Einfluß auf die Preise auszuüben. Dabei setzt Gesell voraus, daß der Finanzminister die Verfügung über die Notenpresse allein im Währungsinteresse ausübe und die Steuern gleichfalls in diesen Zweck einbeziehe. Es wird hier dem Staat eine unlösbare Aufgabe zugemutet, da die Zusammenhänge der Preisbildung nicht so schematisch sind, wie Gesell sie darstellt, wirkt doch die Geldausgabe erst durch Beeinflussung der Einkommensbildung und des Geld- und Kapitalmarkts auf die Preise. Außerdem hat aber der Gesellsche Staat als einziger Grundeigentümer über die dauernde Instandhaltung und Verbesserung der gesamten Bodenschätze zu wachen. Er muß die Art der Ausbeute und der Kultur bestimmen und übt durch die Festsetzung der Pachtbedingungen eine Art Oberaufsicht über die Landwirtschaft aus. Fürwahr, dem Gesellschen Staat werden schwerere wirtschaftliche Aufgaben zugemutet, als wir dem unsrigen anvertraut wissen möchten!

Solvay, dessen sozialphilosophische Ideen sich stark mit jenen der Freigeldlehre berühren, teilt diesen Glauben an die Macht der Freiheit nicht. Auch er wünscht zwar die Beibehaltung der privatwirtschaftlichen Produktionsweise im Interesse sowohl einer richtigen sozialen Auslese, als der Fruchtbarmachung des privaten Erwerbsgeistes für die Förderung der Produktion.[20]) Wohl aber verlangt er mancherlei staatliche Maßregeln zur Unterstützung der privaten Produzenten. Der Staat soll die Produzentenverbände, Kartelle und Trusts, die Solvay als produktionsfördernd begrüßt, wirksam unterstützen, nur dafür besorgt sein, daß keine Mißbräuche vorfallen.[21]) Er soll vor allem auch für eine tüchtige Berufsbildung sorgen und gerade dadurch den Aufstieg des Tüchtigen unabhängig vom Besitz gewährleisten.[22]) Weiter soll der Staat den Arbeiterschutz und die Arbeitsvermittlung organisieren, letztere auch durch Übereinkunft mit dem Ausland auf eine internationale Grundlage stellen. Im Zusammenhang mit der Verstaatlichung des Arbeitsmarkts soll er das Recht auf Arbeit garantieren.[23]) Das Postulat des gleichen Ausgangspunktes für alle verlange auch eine starke

---

[20]) Er schreibt: „Illusion de croire qu'il soit possible de trouver pour produire tout ce dont les hommes ont besoin un antre mobile vraiment efficace, que l'intérêt personnel. Les hommes qui se sacrifient sont rares, ils sont l'exception, la règle ce sont les intéressés.“ (Principes d'orientation sociale. Bruxelles 1900. S. 24).

[21]) Principes d'orientation soc. S. 49 f.

[22]) A. a. O. S. 38 u. 46.

[23]) A. a. O. S. 53 f. u. Notes s. le Product. et Comptabil. S. 76.

Beschränkung des Erbrechts, die sich im Laufe der Zeit bis zu seiner vollständigen Beseitigung steigern solle.[24]) Es ist nicht ersichtlich, wie nach Beseitigung des Erbrechts eine privatwirtschaftliche Organisation möglich wäre, zöge doch der Staat im Laufe der Zeit das gesamte nationale Vermögen an sich.

Die älteren, von mir noch erwähnten Tauschsozialisten (Owen und Rodbertus) haben beide in sozialphilosophischer Beziehung keine Gemeinschaft mit der Freigeldlehre, ja, sie gehen direkt von entgegengesetzter Auffassung aus. Auf Grund ethischer Überzeugungen ist der eine konsequenter Kommunist und der andere Kollektivist und Staatssozialist. Ihre tauschsozialistischen Vorschläge haben den Sinn von auf Grund der bestehenden Wirtschaftsorganisation sofort durchführbaren Maßnahmen, die aber nicht als endgültige Lösungen betrachtet werden.

II. Teil.

Kritik der Freigeldlehre.

III. Kapitel.

Kritik der allgemeinen Grundlagen.

§ 10.

Allgemeine Bemerkungen zur Methode Gesells.

Bis vor kurzem wurde ein heftiger Streit über die Berechtigung der deduktiven Methode in der Sozialökonomie und den Gesellschaftswissenschaften überhaupt geführt, der damit endete, daß die deduktive und die induktive Methode für gleichermaßen berechtigt anerkannt wurden, vorausgesetzt, daß sie zweckmäßig angewandt würden. Es liegt bei der Anwendung der deduktiven Methode in den Gesellschaftswissenschaften die Gefahr nahe, daß dort, wo sich die verschiedenartigsten Einwirkungen und Wechselwirkungen geltend machen, nur ein einziger Faktor erkannt, herausgehoben und zur Basis einer Theorie gemacht wird. Diese „Theorie" würde wohl einer Seite der Frage gerecht, aber eben nur einer Seite.

Dieser Gefahr ist Gesell, der von der Deduktion einen ausgedehnten Gebrauch macht, in besonderem Maße erlegen. Mit starren Kausalketten verbindet er gewisse Erscheinungen, zwischen denen häufig ein Zusammenhang besteht, aber nicht in so ausschließlicher Weise, wie geschildert. Wir werden im Verlauf der Untersuchung

---

[24]) Principes d'orientation soc. S. 60.

derartige Fälle kennen lernen. In das gleiche Kapitel gehören auch die von Gesell häufig vorgenommenen unzulässigen Generalisierungen gewisser Erscheinungen und Zusammenhänge, die in konkreten Fällen existieren mögen, aber eben nicht ohne weiteres verallgemeinert werden dürfen.

Ohne einen noch weit schwerwiegenderen Mangel, der schon nicht mehr die Methode im engeren Sinne betrifft, hätte die Freigeldtheorie nicht entstehen können, nämlich eine gewisse Voreingenommenheit in der Forschung.

Gesells Tätigkeit in Argentinien zur Zeit der dortigen Währungswirren in den 80er und 90er Jahren des vorigen Jahrhunderts und die dort gesammelten persönlichen Erfahrungen gaben ihm die Anregung zu seiner Theorie. Nach der kaufmännischen Ausnützung der durch die Papiergeldemissionen hervorgerufenen Hausse verkaufte er auf den Beschluß der Regierung hin, die Währung zu sanieren, sein Importgeschäft und legte sein Kapital im Bodenbesitz an. Die durch die Deflation herbeigeführte Preissenkung ließ ihn unberührt, während seine früheren Konkurrenten geschädigt wurden.

Aus diesen Erfahrungen, sowie der Beobachtung der dortigen Währungsverhältnisse und ihres Einflusses auf die Konjunkturbewegung zog Gesell den Schluß, daß alle Konjunkturbewegungen ursächlich mit dem Gelde verknüpft seien. Er glaubte nun im Gelde den Schlüssel zur Erklärung jener Wirtschaftserscheinungen gefunden zu haben, die ihm, von seiner Anschauung der Dinge aus, einen anormalen Charakter zu tragen schienen. Dazu rechnete er außer den Konjunkturbewegungen auch den Zins, den Gesell, wie oben gesehen, als einen durch Machtverhältnisse veranlaßten Abzug vom Arbeitserlös darstellt. Auf dieser diskussionslos angenommenen Voraussetzung konstruierte er seine Theorien, welches Vorgehen im Grunde auf ein Vorurteil zurückgeht. Gesell richtet sein Augenmerk einzig auf das Geld, statt in eine unbefangene Analyse der Wirtschaft überhaupt einzutreten. Deshalb nimmt er an, daß die ihm sonst unerklärlich vorkommenden Krisen- und Zinserscheinungen auf das Geld ursächlich zurückgehen müßten. Andere Möglichkeiten werden ja von ihm überhaupt nicht in Erwägung gezogen.

Viele Bemerkungen Gesells, speziell das Geld betreffend, sind zwar konkret betrachtet nicht falsch, erschöpfen aber die Frage nicht und dürften vor allem nicht verallgemeinert werden. Gerade derartige Verallgemeinerungen, die mit dem Anspruch auf absolute Richtigkeit auftreten, sind äußerst gefährlich.

Eine Möglichkeit unter anderen ist die, daß das Geld den Tausch vermittle, damit aber ist der Inhalt des Geldes noch nicht erschöpft. Daß das Geld ebenso gut aus Papier als aus Metall hergestellt sein kann, ist wieder *eine* Möglichkeit u. a., aber keine allgemeine Wahrheit. (Gewiß kann Papier als Geld dienen, doch wenn das Vertrauen in dieses Geld verloren geht, wird man andere

Güter gerne wieder als Tauschmittel benutzen, wie dies heute in Ländern mit entwerteter Valuta vielfach geschieht.) Eine Möglichkeit u. a. ist ferner die, daß das Geld (Papiergeld) keine Deckung brauche, da die Nachfrage nach Geld die eigentliche Deckung bilde. (Diese Deckung hat noch ganz andere Funktionen als die von Gesell erwähnte, kann deshalb aus dem von Gesell genannten Grund nicht einfach entbehrt werden.) Auch bloß eine Möglichkeit u. a. ist die, daß die Nachfrage nach Geld vom Warenangebot gebildet werde, (denn Geld wird auch für die Vermittlung des Kapitalverkehrs benötigt) usw.

Bei anderen Gelegenheiten fällt die Beweisführung überhaupt unter den Tisch und muß eine Behauptung deren Stelle vertreten. Einige Beispiele seien erwähnt: Gesell behauptet, vor Einführung des Geldes habe es keinen Zins gegeben. Diese Behauptung wird durch phantastische, an keinerlei wirtschaftsgeschichtliche Tatsachen anknüpfende Schilderungen aus der Naturalwirtschaft zu stützen versucht.[1]) Ferner tritt uns die Behauptung entgegen, wenn der Zins unter den supponierten Urzins falle, verweigere das Geld seine Dienste, Produktionskrisen und Arbeitslosigkeit seien daher im heutigen Geld begründet.[2]) Daran nicht genug, zieht Gesell zur Ergänzung und Begründung seiner Lehre Behauptungen heran, die der Logik der Tatsachen direkt widersprechen, so die Behauptung, dem Steigen des Zinsfußes über den sog. Urzins sei durch Rückkehr zur Urwirtschaft und zum Tauschhandel, sowie durch Zunahme des Wechselumlaufs eine Grenze gesetzt.[3]) Man muß nur staunen, daß es so gedankenlose Leser gibt, die derartige Lehren für Ernst nehmen. Wie kann bei der heutigen, raffinierten Arbeitsteilung der einzelne nur daran denken, sich von der Tauschwirtschaft loszulösen, wie kann vor allem der moderne Arbeiter im Falle des Steigens der Profitrate und Sinkens der Lohnrate sich durch Eigenproduktion aus der Verschlimmerung seiner Lage befreien? Und daß das Steigen des Zinsfußes ein Anschwellen des Wechselumlaufs auf Kosten der Barzahlung bewirken soll, kann doch wohl nur derjenige behaupten, der, um eine Theorie zu retten, die Wirklichkeit nicht sehen will. Daß häufig Vermehrung der Wechseldiskonte trotz Erhöhung der Zinsrate vorkommt, hängt mit der Konjunkturbewegung und mit der Psychologie der Geschäftswelt zusammen, die annimmt, die Hochkonjunktur könne sich noch über den Höhepunkt hinaus erstrecken, bis sie durch einen Zusammenbruch eines besseren belehrt wird. Etwas anderes ist es aber, ob man sagt, die Erhöhung der Diskontrate vermöge die erwünschte Einschränkung des Kredits häufig nicht durchzusetzen, oder aber, ob man be-

[1]) Vgl. Aufs. „Eine neue Orientierung auf dem Gebiete der sozialen Frage", Zeitschr. Die Geld- und Bodenreform, Jahrg. 1903 Nr. 6 S. 84 f.
[2]) Siehe Näheres unten § 16.
[3]) Vgl. N. W. O. S. 329 ff.

hauptet, wegen des Steigens des Diskonts nehme der Wechselumlauf zu.

Verfehlt erscheint schon die Auffassung Gesells, daß der Zins mit dem Geld deswegen in ursächlichem Zusammenhang stehen müsse, weil mit der Ausbreitung der Geldwirtschaft der Zins im Wirtschaftsleben eine stark erhöhte Bedeutung erhalten habe. „So kam mit dem Gold und der Arbeitsteilung zugleich der große Friedensstörer, der Zins auf die Welt.“[4]) Was hat denn aber die außerordentliche Erweiterung der Geld- und Kreditwirtschaft herbeigeführt? Etwa nur die großen Edelmetallzufuhren aus Amerika und später auch aus Australien und Afrika? Gesell will uns dies glauben machen.[5]) Doch verschweigt er wohlweislich, durch welche Zauberkräfte das Edelmetall den Aufbau der modernen Wirtschaft habe bewerkstelligen können. In der Macht desselben war höchstens gelegen, die Preise zu revolutionieren, nichts mehr. Nein, weil die Wirtschaft über die früheren Organisationsformen hinausgewachsen war und sich in der Gesellschaft neue Kräfte regten, deshalb hat sich der Markt und die Arbeitsteilung erweitert und wurden gleichzeitig neue und kompliziertere Wirtschaftsformen notwendig. Anders ausgedrückt, die Entwicklung zum Kapitalismus rief der Erweiterung der Geldwirtschaft. Die erhöhte Bedeutung des Zinses in der modernen Wirtschaft hängt nicht primär mit der Geldwirtschaft zusammen, sondern mit der Entfaltung des Kapitalismus. Dies wollen wir vorerst einmal feststellen.

Das alleinige Sehen des Geldes in unserer Wirtschaftsorganisation, dieses Haftenbleiben an einem Sekundären (dem Spiegelbild der Volkswirtschaft) und Verkennen der eigentlichen treibenden Kräfte führt Gesell zu einer wahrhaft naiven, durch und durch mechanischen Geschichtsauffassung. Zur Kennzeichnung dieser Einstellung mögen einige Sätze herausgegriffen werden. „Das Geld ist die Grundmauer der Kultur — alles andere ist auf dieser Grundmauer errichtet.“ „Das Gold hob die Menschheit aus der Barbarei und stieß sie wieder in die Barbarei zurück.“[6]) „Roms Glanz war, wie der Glanz Babylons, Griechenlands und Jerusalems nur ein Abglanz der im Geldwesen verborgenen urgewaltigen Kulturkräfte.“ „Ich behaupte also, daß die antiken Staaten mit ihrem Naturgeld stiegen und mit diesem Gelde fielen, daß die 1½ Jahrtausend währende mittelalterliche Eiszeit eine Folge des Geldmangels war, daß die Renaissance von ihren ersten Anfängen an auf die Schinderlinge zurückzuführen ist, daß die Ausbreitung der Renaissance aber und die Entdeckung Amerikas Geschenke der in der zweiten Hälfte des 15. Jahrhunderts durch die Schinderlinge

4) S. 222.
5) S. 216.
6) Vgl. N. W. O. S. 216.

erschlossenen deutschen Silberbergwerke waren. Mit den großen Gold- und Silberfunden, die man in Amerika gemacht hatte, nahm nun das Mittelalter überhaupt ein Ende. Die Zufuhren von Edelmetall reichten hin, um ganz Europa der Geldwirtschaft und der Arbeitsteilung teilhaftig werden zu lassen. Gold schuf die antike Welt, Gold schuf die neue Welt. Gold stürzte die antike Welt, Gold wird auch die neue Welt stürzen, wenn .....“[7]) Manches seiner Lehre wird uns nach Kenntnisnahme dieser Betrachtungsweise verständlicher werden. Daß aber eine Lehre, die dem Gläubigen solche Plattheiten servieren darf, Schule machen kann, ist ein charakteristisches Zeichen der Zeit.

Zu Gesells Methode gehört die Einkleidung in allerlei Bilder und Analogien. Sie verfolgt zunächst den Zweck, die Lektüre unterhaltsam zu gestalten, zuweilen aber auch an die Stelle eines Beweises zu treten. Man kann ja so leicht die Beispiele seinen Zwecken gemäß wählen und dadurch die Sache ganz plausibel erscheinen lassen, besonders wenn man sie der sagenhaften Vergangenheit entnimmt oder gar eine märchenhafte Zukunft schildert. Auf solche Weise kann es dann gelingen, dasjenige in den gemachten Annahmen vorauszusetzen, was man beweisen sollte. Gesell teilt übrigens die Vorliebe für solche Bildersprache mit seinem Vorläufer P r o u d h o n, dem er auch im apparten Stil nachzueifern sucht. Hatte sich Proudhon die Figur des Prometheus zum besonderen Demonstrationsobjekt erkoren, so leisten Gesell die Pfahlbauer ähnliche Dienste.[8]) Aber auch Robinsonaden werden von Proudhon keineswegs verschmäht, und Flürscheim hat sich Robinson zum besonderen Liebling erwählt, an dem er mit viel Phantasie die Wirkung des Boden- und Geldmonopols demonstriert.[9]) Auch bei Gesell dürfen wir den einsamen Helden wieder begrüßen (damit er ja nicht in Vergessenheit gerate!). Gesells Robinson hält einen langen Dialog mit einem Schiffbrüchigen, dem er schließlich zinslos die benötigten Gegenstände leiht,[10]) ganz im Gegensatz zu Flürscheims Romanhelden, der den rücksichtslosesten Ausbeuter markiert, im Gegensatz auch zu Proudhons Robinson,[11]) den wir aber wegen seiner Unkenntnis der Gegenseitigkeitslehre noch entschuldigen müssen. Ferner erhalten wir von Gesell die Vorzüge des Nußgeldes vorgeführt, das anstands- und reibungslos, stets mit Maximalgeschwindigkeit zirkulieren soll und bei dem kein Mensch mehr an Zins denke.[12])

---

[7]) Vgl. N. W. O. S. 221.
[8]) S. 214 ff.
[9]) Vgl. Not aus Überfluß S. 22 ff.
[10]) N. W. O. S. 246 ff.
[11]) Vgl. Intérêt et Principal, S. 83 ff.
[12]) In seinem Aufs. „Zinsfreie Darlehen“ in Zeitschr. Die Geld- und Bodenreform.

Bereits Marx hat seinen Spott über Proudhons Prometheus ergossen[13]) und damit über eine Methode, mit der man alles beweisen kann, was man will und deren Beweiskraft daher gleich null ist. Ein gutes und von Gesell gerne angewandtes Mittel, um Anhänger zu werben, besteht in der Schilderung der paradiesischen Zustände, die das Freigeld herbeiführen soll. Es gab eine Zeit, da die verschiedensten Weltverbesserer die Vorzüge ihrer Systeme der ungläubigen Mitwelt anpriesen und in rosigsten Farben leuchten ließen. Marx nannte sie utopische Sozialisten. — Ein anderes Mittel, auf das Gefühl der Leser zu wirken, besteht in der Verwendung von Zitaten, unter denen sich folgendes der besonderen Beliebtheit Gesells erfreut: „Ehret Lykurg, sagte schon Pythagoras vor 2½ Jahrtausenden, denn er ächtete das Gold, die Ursache aller Verbrechen."

Daß alle solchen Hilfsmittel mit Wissenschaftlichkeit nichts zu tun haben, sollte nicht besonders hervorgehoben werden müssen. Da sich Gesell aber gerne ein wissenschaftliches Mäntelchen umhängt, mußte seine Methode doch etwas unter die Lupe genommen werden und wenn die Kritik hart ausfiel, so ist es nicht die Schuld des Kritikers.

§ 11.

Der Geld- und Kapitalbegriff der Freigeldlehre.

a) Der Geldbegriff.

Geld ist Gesell eine Ware, „denn es wird gekauft und verkauft".[1]) Richtig ist seine Unterscheidung zwischen Geld und Geldmaterial.[2]) Wenn aber das Material, das Edelmetall, aus dem das Geld in der Regel besteht, das Wesen desselben nicht berührt, was macht es denn aus, frägt Gesell. Die Antwort hierauf findet er in der Eigenschaft des Geldes, als staatliches Zahlungsmittel zu dienen.[3]) Damit hat er den gleichen Gedanken geäußert, der uns im bedeutenden Werk von G. Knapp wissenschaftlich bearbeitet entgegentritt.[4]) Ist diese Antwort aber richtig? Knapp wurde von den meisten Nationalökonomen abgelehnt, und mit Recht, denn nicht

---

[13]) Vgl. Karl Marx, Das Elend der Philosophie, S. 78 ff.

[1]) Siehe Silvio Gesell: Die Anpassung des Geldes und seiner Verwaltung an die Bedürfnisse des modernen Verkehrs, Buenos Aires 1897, S. 4.

[2]) A. a. O. S. 23, sowie N. W. O. S. 140.

[3]) N. W. O. S. 131. Bereits in seiner Schrift „Anpassung des Geldes" leuchtet dieser Gedanke durch. Er hält dort das Staatsmonopol als Vorbedingung für die Existenz des Geldes.

[4]) Knapp definiert das Geld als chartales Zahlungsmittel, wobei er unter Chartalität die „proklamatorische Verwendung" versteht, im Gegensatz zur „pensatorischen", bei der die als Zahlungsmittel dienenden Objekte nur nach ihrem Gewicht zirkulieren. Vgl. G. F. Knapp: Staatliche Theorie des Geldes, 2. A. 1918 S. 31 ff.

der Staat kann das Geld erschaffen, er kann nur jene Objekte rechtlich als Geld anerkennen, die der Verkehr zu dieser Funktion ausgebildet hat.[5]) Seine Macht über das Geldwesen ist beschränkt. Ist das Vertrauen in den geldausgebenden Staat erschüttert, so dienen wieder allgemein beliebte Güter als Tauschmittel. (Beispiele aus neuester Zeit: Verkehr der Soldaten im besetzten Gebiet, Tausch zwischen Städter und Bauer in Rußland, den Ländern der ehemaligen Donaumonarchie und neuerdings auch Deutschland.) Aber auch private Geldzeichen können an die Seite der staatlichen treten, wenn diese sich entwerten oder den Verkehrsbedürfnissen nicht genügen. Als Beispiel kann das von privater Seite während der französischen Revolution emittierte Geld genannt werden. Auch die „Clearing House Loan Certificates", die von den New Yorker Bankfirmen während der Geldkrise von 1907 zeitweise in den Verkehr gebracht wurden, wären hier zu nennen.

Was den Warencharakter des Geldes betrifft, den Gesell hervorhebt, so ist damit freilich die Tauschmittelfunktion gekennzeichnet, welche historisch die primäre ist, aber noch keine erschöpfende Charakteristik des Geldes gegeben. Das Geld ist tatsächlich mehr als eine Ware, „die gekauft und verkauft wird". An das Gelddarlehen anknüpfend hat sich der moderne Kapitalverkehr entwickelt. Die Funktion des Geldes als flüssigste Form des Kapitals [6]) ist im heutigen Wirtschaftsleben ebenso wichtig, als die Tauschmittelfunktion. Als flüssigste Form des Kapitals dient das Geld den Vermögensübertragungen, vermittelt es den Effekten- und Kapitalverkehr und tritt uns auf dem Geldmarkt entgegen. Damit ist die zweite, von Gesell übersehene Seite des Geldes gegeben.[7])

---

[5]) Bereits E. Walter hat in seiner Abhandlung über das Freigeld vom Standpunkt der Marxistischen Doktrin aus, Gesell entgegengehalten, der Staat übernehme nur die von der Wirtschaft ausgebildeten Institutionen und verleihe ihnen rechtlichen Charakter. Es ist ihm hierin durchaus zuzustimmen (Freigeldwirtschaft oder Sozialismus? 1920, S. 44 ff.).

[6]) Diese Terminologie stammt von Prof. Sieveking, Kolleg „Geld und Kredit", Sommersemester, Zürich 1920. Die Sache selbst war bereits Smith bekannt. Er bezeichnete das Geld als einen Teil des umlaufenden Kapitals, und zwar als jenen, „durch dessen Vermittlung die drei übrigen umlaufen und sich an ihre eigentlichen Konsumenten verteilen" (Reichtum der Nationen, 2. Buch, 1. Kap. a. a. O. S. 13).

[7]) Helfferich will auf Grund einer eingehenden Analyse der Verkehrsvorgänge drei koordinierte Funktionen des Geldes unterscheiden, die Tauschmittelfunktion, die Zahlungsmittelfunktion und diejenige als Mittel zu Kapitalübertragungen. Letztere entspricht unserer Funktion als flüssigste Form des Kapitals, ist aber enger gefaßt, um noch einer besonderen Zahlungsmittelfunktion Platz zu lassen. Diese soll die Rückzahlung von im Waren- und Darlehensverkehr gewährten Krediten, sowie zwangsweise auferlegte einseitige Zahlungen umfassen. Weshalb nicht die Rückzahlung von Warenkrediten als den hinausgeschobenen zweiten Tauschakt betrachten und den gesamten Darlehensverkehr in einer Funktion zusammenfassen, wozu sich noch die einseitigen Übertragungen von Vermögensmacht gesellen? Helffe-

Wenn und wo Gesell von Geld spricht, denkt er stets an ein materielles Tauschgut, das er den Waren gegenüberstellt. Diese Auffassung ist zu eng. Tatsächlich ist die Verkehrswirtschaft bei der ursprünglichen Geldform der Barzahlung nicht stehen geblieben. Die Entwicklung der mannigfachen Formen des Kredits hat eine unendliche Erweiterung der Geldform herbeigeführt. Ein jedes Kreditzahlungsmittel, ja, jede rasch flüssig zu machende Forderung ist für den Besitzer Geld, insofern er durch sie an der volkswirtschaftlichen Zahlungsgemeinschaft teilnehmen kann. Mit Wieser müssen wir daher einen engeren und einen weiteren Geldbegriff unterscheiden,[8]) wobei Geld im weiteren Sinne jede Zahlungszwecken dienende Geldforderung darstellt.

Aber noch ein weiteres. Das Geld ist nicht nur Tauschmittel, es ist nicht nur flüssigste Form des Kapitals, es ist auch Wertvorstellungsmittel und eben deshalb allgemeines Rechenmittel (Wertausdrucksmittel). Diese Funktion ist in der modernen Wirtschaft so sehr in den Vordergrund getreten, daß Liefmann, der zweifellose Verdienste um die Herausbildung gerade dieser Seite des Geldbegriffs erworben hat, im Gelde eine „abstrakte Rechnungseinheit" erblicken will. Zweifellos ist es richtig, wenn Liefmann sagt: „Wenn man im gewöhnlichen Leben vom Gelde spricht, denkt man in neunzig von hundert Fällen, ja vielleicht noch häufiger, gar nicht an die Geldstücke, sondern man denkt an die Rechnungseinheit Geld."[9]) Aber er schießt über das Ziel hinaus, wenn er meint: „Ein großer Teil der Einkommen ist niemals Geld gewesen, es sind nur Rechnungssummen in der Geldeinheit, Verfügungsmöglichkeit über Forderungen, die auf die auch dem Gelde zugrunde liegende Rechnungseinheit lauten."[10]) Die auf Geldeinheiten lautenden Forderungen, welche das Einkommen zahlreicher Wirtschaftssubjekte bilden, sind nicht nur Rechnungssummen, sondern sie sind Geld im weiteren Sinne des Begriffs und haben stets Bezug auf das eigentliche Geld (Währungsgeld), auf das sie lauten. Das Geld (und wie wir bei Betrachtung des Solvayschen Systems gesehen haben, auch ein einfaches Buchgeld) bleibt demnach stets Tauschgut, es wird nie zu einer von diesem abgetrennten „ab-

---

rich reißt wirtschaftliche Zusammenhänge auseinander, um sie nach juristischen Begriffen zu ordnen.

Ebensowenig kann ich mich mit der Auffassung Mengers und Mises' befreunden, die als primäre Funktion des Geldes einzig diejenige als Tauschmittel anerkennen wollen und diejenige als Vermittler des Kapitalverkehrs (flüssigste Form des Kapitals) als sekundär betrachten. Tatsächlich steht der Kapitalverkehr heute selbständig neben dem Warenverkehr.

[8]) Vgl. Fr. Wieser, Theorie der gesellschaftlichen Wirtschaft i. Grdr. S. 307 ff.

[9]) Vgl. Liefmann, Geld und Gold, Stuttgart 1916, S. 90.

[10]) A. a. O. S. 86, siehe auch Grundſ. d. Volkswirtschaftsl., Bd. II, S. 113 ff.

strakten Rechnungseinheit". Wohl aber verknüpft mit diesem Tauschgut Geld jeder einzelne gemäß seinen Einkommensverhältnissen und den Preisen jener Güter, die er sich mit ihm beschaffen will, bestimmte Wertvorstellungen. Der Nutzen dessen, was er sich mit den als Einkommen bezogenen Geldsummen beschaffen kann, steht im Vordergrund seines Interesses, das reale Geldzeichen tritt in den Hintergrund. Da ferner alle Preise in Geld ausgedrückt werden, wurde das Geld zum Rechenmittel für die Erwerbswirtschaften.

Diese äußerst wichtige Funktion des Geldes ist von Gesell unerwähnt geblieben, da er sein ganzes Augenmerk nur der einen Seite des Geldes zuwendet, der Tauschmittelfunktion. Da er die erweiterte Geldform nicht vom Geld im engern Sinn unterscheidet, und dabei in erster Linie das Edelmetall-Geld im Sinne hat, wie unsere früheren Zitate beweisen, er den Geldbegriff aber doch im weiteren Sinne verwendet, entstanden Begriffsverwirrungen, die zu ganz falschen Vorstellungen führten und die insbesondere bei der Zinstheorie, aber auch bei der Krisenlehre eine wichtige Rolle spielen. Um die Konfusion aber noch zu vergrößern, kommt auch eine Verwechslung von Geld und Kapital vor. Wir werden darauf bei der Behandlung der Zinslehre zurückkommen.

b) Der Kapitalbegriff.

Gesells Kapitalbegriff knüpft an das Darlehen an, was nicht falsch ist, aber der Erweiterung bedarf. Kapital sei nicht ein Sachgut, sondern ein „von Angebot und Nachfrage unbeschränkt beherrschtes Marktverhältnis",[11]) und zwar ein derartiges Marktverhältnis, das dem Darlehensgeber gestatte, vom Darlehensnehmer einen Zins zu erheben. Nicht das Darlehen als solches wäre demnach im Sinne Gesells Kapital, sondern nur dasjenige, bei welchem ein Zins ausbedungen wurde. Kapitalismus nennt er daher „einen wirtschaftlichen Zustand, in welchem die Nachfrage nach Leihgeld und Realkapital das Angebot übertrifft und darum den Zins bedingt".[12])

Christen will unglücklicherweise den Kapitalbegriff vom Darlehen auf die Leihe überhaupt ausdehnen. „Unter Kapital verstehe ich jedes Eigentum, das beim Ausleihen Zins abwirft"[13]) und weiter „Das ausgeliehene Eigentum kann Geld oder irgendeine mit Geld käufliche Sache sein, ausgenommen Boden".[14]) Wenn wir den Kapitalbegriff auf die Gesamtheit der Wirtschaftsgüter ausdehnen, insofern ihre Besitzer sich durch ihr Ausleihen ein Ein-

---

11) Vgl. N. W. O. S. 11.
12) Vgl. N. W. O. S. 194.
13) Vgl. Dr. Th. Christen „Über die Gesellsche Zinstheorie" in Zeitschr. f. schweiz. Volksw. u. Sozialpol. Jahrg. 1919, Heft 21, S. 258.
14) A. a. O. S. 260.

kommen beschaffen können, so besteht kein Grund, den Boden wegzulassen. Weshalb sollten denn nur produzierte Güter Kapital sein können, da doch gerade der Boden in hohem Grade die Eigenschaft besitzt, dem Besitzer ein arbeitsloses Einkommen zu verschaffen? Vom wirtschaftlichen Standpunkt aus dürfen wir die Güter nicht nach technischen Gesichtspunkten klassifizieren, sondern haben uns allein an wirtschaftliche Merkmale zu halten. Die Klassifikation nach dem Merkmal, ob sich ein Gut als Arbeitsprodukt darstelle oder nicht, ist aber eine technische Klassifikation.

Demnach haben wir die Beantwortung der Frage, was Kapital sei und was nicht, vom Standpunkt des wertschätzenden Subjekts aus vorzunehmen. Und da haben sicherlich Gesell und Christen, indem sie die Möglichkeit der Einkommenserzielung hervorhoben, ein wichtiges Merkmal genannt. Für sich allein ist es aber noch ungenügend, denn das Ausleihen von Gerätschaften unter der Bedingung, daß der Benutzer, außer ihrer Rückerstattung einen gewissen Teil der unter ihrer Beihilfe hergestellten Produkte abliefere, macht sie ebensowenig zu Kapital, als der Boden um deswillen Kapital ist, daß er eine Grundrente abwirft. In der Naturalwirtschaft ist demnach das Kapital eine unbekannte Erscheinung, im Gegensatz zur Grundrente und zum Zins, insofern wir die für die Benutzung von Gerätschaften usw. ausbedungenen Produkte als Zins bezeichnen wollen.

Somit haben wir es beim Kapital offenbar mit einer geldwirtschaftlichen Erscheinung zu tun, und indem Gesell den Kapitalbegriff an das Darlehen anknüpfte, war er gar nicht schlecht beraten. Tatsächlich liegt hier sein Ausgangspunkt, da ursprünglich der Gegensatz einer ausgeliehenen Geldsumme zu dem erzielten Ertrag das Begriffsmerkmal ausmachte.[15]) Aber der Kapitalbegriff ist mit der Ausdehnung der Geldwirtschaft hier nicht stehen geblieben. Die ausgeliehene Geldsumme könnte ja ebenso gut im eigenen Geschäft des Geldgebers Verwendung finden. Ob ich einen Einkommensüberschuß unmittelbar produktiv verwerte oder aber einem Dritten überlasse, dafür wird lediglich die Ertragschance entscheidend sein. Das ganze werbende Vermögen wurde deshalb als Kapital betrachtet und dem Verbrauchsvermögen gegenübergestellt. Diesen Kapitalbegriff finden wir noch bei Ad. Smith, der jedoch, den Gegensatz zum Merkantilismus zu stark betonend, das Merkmal der Bewertung in Geld aus den Augen verlor.[16]) Im Einklang mit der Auffassung seiner Zeit, welche die Geldrechnung auf den Boden noch nicht anwandte, schloß er Grund und Boden vom Kapital aus. Indem sich Smith weiter frug, welche Güter vom Standpunkt

[15]) Vgl. die Schrift von Richard Passow, Kapitalismus, Jena 1918, S. 41 f. und Gust. Schmoller, Grundriß der allgemeinen Volkswirtschaftslehre, Bd. II, S. 178.

[16]) Ad. Smith, Reichtum der Nationen, a. a. O. 2. Buch, S. 8 ff.

der gesamten Volkswirtschaft aus Kapital seien, gab er den Anstoß zu den sachlichen Kapitalbegriffen, die eine objektive Güterkategorie mit diesem Namen bedachten.

Den bürgerlichen Nationalökonomen gegenüber, welche sich auf einen sachlichen Kapitalbegriff festlegten, unter sich aber nicht einig werden konnten, welche Güterkategorie diesen Namen verdiene, hat Marx die ursprüngliche und in der Praxis stets lebendig gebliebene Bedeutung des Wortes wieder zu Ehren gebracht. Er faßt als Kapital auf, eine im Produktionsprozeß (den er in die Formel kleidet G — W — G¹) sich verwertende Geldsumme,[17]) unter Geld jedoch nicht das materielle Umlaufsmittel, sondern eine Wertsumme verstehend, wie aus folgender, klarer Definition hervorgeht: „Eine Wertsumme ist daher Kapital, weil sie ausgelegt wird, um einen Profit zu erzeugen."[18])

Neuestens haben sich immer mehr bürgerliche Nationalökonomen zu diesem, dem praktischen Wirtschaftsleben entliehenen Kapitalbegriff bekannt. Menger faßt als Kapital auf: „Das Vermögen der Erwerbswirtschaften, welcher technischer Natur dasselbe auch sein mag, insofern sein Geldwert Gegenstand unseres ökonomischen Kalküls ist, d. h. wenn dasselbe sich uns rechnungsmäßig als eine werbende Geldsumme darstellt."[19]) Ähnlich Schmoller: „Das Kapital ist uns derjenige Teil des Vermögens, der werbend in irgendeiner Form im eigenen Geschäft oder bei Dritten in Leihform angelegt ist, bei dem aber der Gedanke der technisch verschiedenen Anlagemöglichkeiten und -arten zurücktritt gegenüber seinem Geldwert und der Rente, deren Höhe in bestimmtem Verhältnis zu diesem Geldwert steht."[20]) Liefmann bringt diesen Kapitalbegriff in Zusammenhang mit seiner Wirtschaftstheorie, indem er Kapital nennt: „die Veranschlagung der Kostengüter als Mittel zur Feststellung eines Geldertrages",[21]) d. h. nicht irgendeine objektive Güterkategorie, sondern die unter

---

[17]) Vgl. Karl Marx, Das Kapital, Bd. I, S. 109 ff.

[18]) A. a. O. Bd. III, S. 11. Man wollte den Inhalt von Marx' Kapitalbegriff in der Trennung der Arbeiter von ihren Produktionsmitteln in einem bestimmten historischen Zustand erblicken. Richtig ist daran nur, daß ihm dieser historische Zustand Voraussetzung dessen ist, was er als das Kapitalverhältnis bezeichnet, d. h. die Verwertung von rechtlich freien, aber besitzlosen Arbeitern in dem Produktionsprozeß unter dem Gesichtspunkt des Ertrags für den Unternehmer. Aber Kapital nennt er nicht dieses Verhältnis, sondern die in der Produktion sich verwertende Geldsumme.

[19]) Vgl. Karl Menger, „Zur Theorie des Kapitals" in Jahrb. f. Nationalök. und Stat., N. F. 17. Bd., 1888, S. 40.

[20]) Schmoller a. a. O. Bd. II, S. 180.

[21]) Vgl. Liefmann, Grds. d. Volksw. Bd. I, S. 563.

Jos. Schumpeter schränkt nach meinem Dafürhalten den Kapitalbegriff zu sehr ein, wenn er unter diesem Terminus nur noch Kaufkraft verstanden haben will, einen „Fonds zur Bezahlung anderer Güter" (Theorie der wirtschaftl. Entwicklung, Leipzig 1912, S. 226 ff.).

dem Gesichtspunkt des Geldertrags, zu dem das Kapital in Relation gebracht wird, erfolgte Betrachtungsweise der Güter.

Der Kapitalbegriff Gesells ist demnach dahin zu berichtigen, daß nicht nur die ausgeliehenen und zinstragenden Geldsummen als Kapital zu betrachten sind, sondern das ganze werbende Vermögen, insofern es rechnungsmäßig als ein Geldbetrag erfaßt und dem erzielten Einkommen gegenübergestellt wird. Je nachdem nun diese als Kapital sich darstellende Wertsumme aus geldwertenen Forderungen oder aber aus Sachgütern (auch Boden, der ebenso gut Kapital werden kann, wenn man ihn in Geld veranschlagt und mit dem Geldertrag vergleicht, als irgendwelche andere Güter) besteht, können wir Geldkapital und Sachkapital unterscheiden, wobei aber unter letzterem der veranschlagte Geldwert der Güter verstanden wäre.

Es verbleibt uns noch, auf einige Inkorrektheiten und Widersprüche in der Definition und Anwendung des Kapitalbegriffs durch Gesell aufmerksam zu machen. Wie wir sahen, bezeichnet Gesell als Kapital nicht eigentlich das Darlehen, sondern das Marktverhältnis, das dem Darlehensgeber gestatte, Zins zu erheben. Ist es tatsächlich die Meinung Gesells, daß nicht das Darlehen, sondern jenes Marktverhältnis Kapital sei, so müßte eine solche Begriffsbestimmung aufs Schärfste verurteilt werden, da sie in den zu behandelnden Gegenstand nur Verwirrung hineintragen kann. Das Kapital tritt uns tagtäglich im Wirtschaftsleben als eine Realität gegenüber, mit der gerechnet wird und die Objekt von Geschäftsabschlüssen ist. Es geht nicht an, mit diesem Namen eine Marktlage, ein Verhältnis von Angebot und Nachfrage zu bezeichnen und dabei das Objekt aus den Augen zu verlieren. Wir haben zu Gesells Gunsten angenommen, er habe als Kapital das Darlehen selbst betrachten wollen und das Hervorheben des Marktverhältnisses sei nur eine unglückliche Formulierung für den Gedanken, daß dasselbe nur so lange Kapital sei, als der Darlehensgeber einen Zins erheben könne, mit der Beseitigung des Zinses durch die Aktion des Freigeldes verschwinde der Kapitalcharakter des Darlehens. Da aber der Zins, wie zu zeigen sein wird, eine notwendige und unumgängliche Begleiterscheinung der Verkehrswirtschaft ist, so kann das Kapital auch nicht in dem Sinne eine historische Kategorie sein, wie Gesell und Christen es annehmen.

Ganz im Gegenteil zu der ursprünglichen Definition verwenden sowohl Gesell als Christen das Wort „Kapital" aber auch zur Bezeichnung gewisser Güterkategorien, gehen also zu einem sachlichen Kapitalbegriff über, nachdem sie ihn noch eben verworfen haben. Diese Übung, eine Definition zu geben, sich dann aber doch nicht daran zu halten, verdient die schärfste Verurteilung. Gesell unterscheidet Urkapital und Realkapital, wobei er unter Urkapital das materielle Geld und zwar in erster Linie das Goldgeld versteht, weil dieses die Erhebung des Zinses möglich machen soll, unter Realkapital hingegen Sachgüter.[22]) Christen spricht von Sachkapital und meint damit in gleicher Weise bestimmte, objektive Güterkategorien,[23]) während er doch vorher den Kapitalbegriff für das ausgeliehene und zinstragende Eigentum, abgesehen vom Boden, reservierte. Das Schlimmste aber ist, daß die mit dem Namen Sach- oder Realkapital bezeichneten Güterkategorien überhaupt nicht näher umschrieben werden. Zunächst führt Gesell als Realkapital Häuser, Schiffe, Fabriken, Maschinen an, also produzierte, dauerhafte Güter, dann aber erscheinen als solches alle möglichen Verbrauchsgüter und zwar sowohl solche des reproduktiven als des unmittelbaren Konsums.[24]) Nur der Boden bleibt dauernd vom Kapitalbegriff ausgeschlossen.

Von den tauschsozialistischen Vorgängern Gesells bezeichnete Flürscheim das Kapital als „Eigentum, welches ein Einkommen ohne irgendwelche Arbeit seitens des Besitzers verschafft",[25]) identifizierte es demnach mit dem werbenden Vermögen. Proudhon hingegen kam unserem Kapitalbegriff nahe, leider ohne ihn festzuhalten. Er lehnt in der Zinsdiskussion mit Bastiat die Auffassung des Kapitals als einer Güteranhäufung ab, da zum Kapitalbegriff die Idee des Wertes gehöre.[26]) Die Güter müßten, um Kapital zu werden, gehandelt und dadurch in ihrem Wert genau fixiert sein. Sind ihm zunächst nur effektiv gehandelte und weiterer produktiver Verwendung zugeführte Produkte Kapital, so kommt er nachher auf den Begriff zurück und bezeichnet als Kapital jeden gemachten Wert (valeur faite) in Boden, Arbeitsmitteln, Waren, Unterhaltsmitteln oder Geld, welche der Produktion zu dienen oder zu dienen bestimmt sind.[27]) Aus dem nun folgenden Beispiel geht hervor, daß er unter gemachtem Wert nicht mehr den im Tausch festgestellten Wert, sondern einfach die vom Unternehmer beim Beginn des Produktionsprozesses für sich vorgenommene Bewertung der Arbeitsmittel und Rohstoffe versteht. Er nennt diese eine einseitige Bewertung, weil sie nicht durch einen effektiven Tausch erfolgt sei. Leider hält er an dieser Auffassung nicht fest. Das Geld wird ihm, wie Gesell zu einem Kapital an sich, da sich auf dem Markt alle Kapitalien in Geldform anbieten.

---

[22]) N. W. O. S. 338 f.

[23]) „Über die Gesellsche Zinstheorie", a. a. O. S. 260.

[24]) Vgl. Auff. Zinsfreie Darlehen, a. a. O. S. 44.

[25]) Vgl. Not aus Überfluß, S. 205.

[26]) Intérêt et Principal, S. 128 ff.

[27]) Er sagt: **„J'appele donc capital toute valeur faite en terre, instruments de travail, marchandises, subsistances ou monnaies et servant ou susceptible de servir à la production." a. a. O. S. 135.**

§ 12.

Der Wertbegriff und die Preislehre von „Freigeld".

a) Wertbegriff und Wertlehre bei Gesell und Christen.

Mit der von der Nationalökonomie ausgebildeten Wertlehre will sich Gesell nicht befreunden. Vollkommene Unfruchtbarkeit sei das Zeichen dieser Wissenschaft, die Praxis komme ohne sie aus.[1]) Gewiß tut sie dies, und doch nimmt der Kaufmann tagtäglich Bewertungen vor. Für die theoretische Erfassung der wirtschaftlichen Zusammenhänge ist es aber wichtig, die Regeln festzustellen, an Hand welcher die Bewertung der Güter durch die einzelnen Wirtschaftssubjekte erfolgt. Wie will man denn die Wirtschaft verstehen, wenn man vom Bewertungsvorgang, dem Grundprinzip des Wirtschaftens abstrahiert?

Tatsächlich liegt Gesells Lehre doch eine Auffassung vom Wert zugrunde, aber eben eine irrige und längst verlassene Auffassung. Wir machten bereits darauf aufmerksam, daß Gesell von der Voraussetzung ausgeht, die Arbeit sei das alleinige Kostengut, nur auf sie müsse natürlicherweise ein Preis gelegt werden. Daraus folgert er, daß die Vergütung der andern Faktoren auf außerwirtschaftliche Momente, auf Machtverhältnisse zurückzuführen sei. Es braucht uns daher nicht wunder zu nehmen, wenn wir bei Gesell als theoretische Lückenbüßer einige Brocken der objektiven Wertlehre wiederfinden, trotz aller Bekämpfung derselben.

Da haben wir die alte Lehre vom Äquivalententausch. Gesell will den Zins darauf zurückführen, daß das Geld kein „Äquivalent der Ware" sei und wirft Marx vor, dies nicht erkannt zu haben.[2]) Was er darunter versteht, bleibt aber unklar. Er nennt „äquivalent" zwei Waren, die in vollständiger Gleichberechtigung einander gegenübertreten und ohne Gewinn ausgetauscht würden. Mit dem ersterwähnten Merkmal der vollständigen Gleichberechtigung wird der Nationalökonom so wenig wie der Jurist etwas anzufangen wissen, sind doch die Waren keine Rechtssubjekte. Das zweite Merkmal, daß sie ohne Gewinn ausgetauscht werden sollen, ist dagegen ein Ableger der objektiven Wertlehre, welche verlangte, daß die ausgetauschten Waren von gleichem Wert sein müßten. Darunter war zweierlei verstanden, entweder die ausgetauschten Waren sollten für beide Parteien von derselben Bedeutung sein, den gleichen, objektiv gedachten Nutzeffekt stiften, oder aber sie sollten gleiche Arbeitsmengen verkörpern. Wir sind uns klar geworden, daß die Güter nicht der Arbeit willen und infolgedessen auch nicht nach dem Maß derselben ausgetauscht werden. Die Forderung der

---

[1]) Vgl. N. W. O. S. 121.

[2]) S. 324.

Gleichwertigkeit im Sinne des gleichen Nutzeffekts für beide Tauschparteien wird hingegen durch die Überlegung hinfällig, daß ja beide Parteien gerade um des Vorteils willen tauschen, sie also beide einen Gewinn machen, ohne den sie den Tausch unterließen. Müßte ohne Gewinn getauscht werden, wie Gesell es wünscht, so müßte der Tausch überhaupt unterbleiben. Einen Tausch von „Äquivalenten" kann es daher nicht geben.[3])

Wenn Gesell ferner meint, der Wert sei für den Kaufmann „eine Schätzung, die durch den Abschluß des Handels in den Preis übergeht",[4]) so daß die Wertlehre mit der Preislehre zusammenfalle, so sagt er den Nationalökonomen nichts Neues. Seine Definition des Wertes fällt nämlich zusammen mit derjenigen des Tauschwertes durch die moderne Wertlehre. Sie versteht unter Tauschwert „die objektive Geltung der Güter im Tausch" (Boehm-Bawerk), die das Korrelat zum Preise bildet. Hatte die ältere Wertlehre ein festes Maß für den Tauschwert gesucht, den Preis hingegen durch die Schwankungen von Angebot und Nachfrage bestimmt sein lassen, so fällt für die moderne Nationalökonomie die Preislehre mit der Lehre vom Tauschwert zusammen. Dieser wird nun nicht mehr auf ein besonderes Maß, sondern auf die Nutzenschätzungen der Konsumenten und die davon abgeleitete Tauschrelation zurückgeführt. Das Zentralproblem liegt in der Erklärung der Preisbildung und der Inhalt der eigentlichen modernen Wertlehre (der Lehre vom subjektiven Wert) soll durch das Verständnis der vom einzelnen vorgenommenen Bewertungen die Grundlage für eine vertiefte Erklärung der Tauschprozesse abgeben.

Während Gesell den Ausdruck „Wert" möglichst zu vermeiden sucht und ihn, nicht zum Vorteil seiner Lehre, durch unklare und nichtssagende Umschreibungen ersetzt,[5]) als ob damit auch die Sache selbst aus der Welt geschafft sei, so glaubt Christen, der sich im allgemeinen durch schärfere Definitonen auszeichnet, nicht ohne den Wertbegriff auskommen zu können. Sehen wir zu, welchen Gebrauch er von diesem macht. Christen definiert: „Unter Wert einer Sache verstehe ich die Anzahl Geldeinheiten, die beim Erwerb dieser Sache in Tausch gegeben werden",[6]) oder aber, gleichbedeutend: „Wert ist das Produkt aus Preis und Menge",[7]) welche Definition er J. Fisher entlehnt hat, allerdings ohne die Quelle anzu-

---

[3]) Über die sog. Überlegenheit des Geldes siehe unten S. 84 ff.

[4]) N. W. O. S. 121.

[5]) Er spricht von der „Unveränderlichkeit oder auch der Unverwüstlichkeit des Geldes", dem sich „stets gleichbleibenden Geld" gegenüber dem steten Stoffverlust der Waren, von der Notwendigkeit der Verschlechterung des Geldes usw.

[6]) Vgl. Dr. Th. Christen: Über Gesells Zinstheorie, a. a. O. S. 257.

[7]) In Annalen des Deutschen Reiches, 1915, S. 495.

geben.[8]) Er verwechselt damit den Wert mit dem Preis, indem er gleichzeitig den Begriff des Preises auf den Geldpreis der jeweiligen Mengeneinheit einer Ware einschränkt, ansonst würden die beiden Begriffe bei Fisher und Christen ja völlig zusammenfallen. Dieser Preisbegriff ist aber zu eng, spricht man doch nicht nur vom Preis eines Dutzend Eier oder eines Meters Tuch, sondern auch von demjenigen der gekauften zwei Dutzend Eier und von drei Meter Tuch. Ein besonderer Wertbegriff für den Preis der tatsächlich behandelten Gütermengen ist überflüssig und muß zu fortwährenden Verwechslungen mit dem gewohnten Begriff des Wertes führen.

Die Verwechslung des von Christen verwandten mit dem gewöhnlichen Wertbegriff stellt sich denn auch sogleich ein, wenn Christen vom Geldwert spricht. Christen versteht darunter im Einklang mit seinem Wertbegriff die Anzahl Geldeinheiten, die eine Münze gilt und unterscheidet nun den so definierten „Geldwert" von der Kaufkraft des Geldes. Auf diese Weise wird es Christen möglich, die „Wertbeständigkeit" unseres Geldes zu beweisen, auf der seine Überlegenheit im Tausch beruhen soll.[9]) Für gewöhnlich versteht man aber unter Geldwert nicht die Geltung der Münzen (denn das ist der fachmännische Ausdruck für den von Christen mit dem Namen Geldwert fälschlicherweise bedachten Begriff), sondern nichts anderes als eben die Kaufkraft des Geldes gegenüber den Waren.[10])

[8]) J. Fisher definiert nämlich: „Der Wert irgendwelches Postens von Reichtum ist dessen Preis multipliziert mit seiner Quantität" (Die Kaufkraft des Geldes, deutsche Übers. Berlin 1916, S. 3).

[9]) Er sagt: „Beim kapitalistischen Geld sind Geldzeichen und Wert unbedingt identisch. Eine herkömmlich Fünfzigfrankennote ist stets 50 Fr. wert (über Gesells Zinstheorie, a. a. O., S. 259).

[10]) Der Preis des Geldes in einer bestimmten Ware wäre also die Menge dieser Ware, die für eine Geldeinheit erhältlich ist, der (objektive) Tauschwert des Geldes die Fähigkeit desselben, diese Warenmenge einzutauschen. Während aber im Falle der Waren als Preisgut stets Geld verstanden wird, muß, wenn man vom Geldwert spricht, das Preisgut, in welchem dieser ausgedrückt werden soll, noch ausdrücklich genannt werden. Es ist daher eigentlich unkorrekt, vom Geldwert schlechthin zu sprechen, da ein genauer Ausdruck desselben fehlt. Der von Christen erfundene Begriff des „Kilo Durchschnittsware" ist inhaltleer, da die verschiedenen Wirtschaftsgüter erst durch ihren Preisausdruck vergleichbar werden. Wenn man vom Geldwert schlechthin spricht, trotz des Fehlens eines Preisausdrucks, so ist darunter wohl am besten die durchschnittliche Kaufkraft des Geldes gegenüber den Waren und Warenmengen zu verstehen, aus denen sich das Haushaltungsbudget eines Familienvaters von mittlerer Einkommenslage zusammensetzt. In dieser Kaufkraft hätten wir einen ungefähren Ausdruck für das, was wir Geldwert nennen, während der Durchschnittspreis aller Waren, mit welchem Begriff Christen mit Vorliebe operiert, ein durchaus unbestimmter Begriff ist, da stets eine Auswahl in der unendlichen Mannigfaltigkeit der Güter und der zugrunde gelegten Mengen eines jeden Gutes getroffen werden muß.

Das Schlimme an dieser Unterschiebung eines andern, genau festgelegten Begriffs liegt darin, daß der ungeschulte Leser diesen unwillkürlich mit dem ihm vertrauten Bewußtseinsinhalt erfüllt und dadurch zu einer irrtümlichen Vorstellung gelangt. Er hält tatsächlich die Wertstabilität des Geldes gegenüber den Waren für bewiesen, währenddem ein derartiger Beweis ja gar nicht vorliegt. — Von Christen dürfte man aber wenigstens erwarten, daß er sich an die gegebene Definiton auch hält. Aber nicht einmal das ist der Fall. In der ersten Denkschrift an das eidg. Finanzdepartement schreibt er: „Der Wert einer bestimmten Menge von Gold oder Geld ist aber nichts anderes als die Menge Durchschnittsware, welche man dafür auf dem Markte kaufen kann."[11]) Hier ist also der Wert im gewohnten Sinne der Kaufkraft verstanden. Und bei einer solchen Begriffsverwirrung glaubt Christen noch, gegenüber E. Goetschel den Vorwurf erheben zu dürfen, den Begriff des Wertes nicht klar anzuwenden.[12]) E. Goetschel benutzte den gewöhnlichen Wertbegriff, indem er ihm den Inhalt der Kaufkraft gab.

Auf die von Goetschel bereits kritisierte Ableitung der Forderung eines „absoluten Wertmaßes" durch Christen aus der vermeintlichen Existenz eines absoluten Längenmaßes sei hier nicht mehr zurückgekommen, sondern auf den Aufsatz Goetschels verwiesen.[13]) Wir treffen hier, wie in Gesells Forderung der „Äquivalenz zwischen Geld und Waren" alle Irrgänge der objektiven Wertlehre. Das ist die Folge davon, daß man sich nicht um das Wesen des Wertes bemühen zu müssen, sondern über die Wert-Wissenschaft so hoch erhaben glaubt.[14])

Finden wir schon bei Christen derartige Begriffsverwirrungen, so brauchen wir uns nicht zu wundern, dieselben Fehler auch bei andern Vertretern der Freigeldlehre vorzufinden. Hammer vergrößert die Konfusion zwischen dem Wert- und Preisbegriff noch, wenn er Wert definiert als die für eine Sache bezahlte Summe Geldes,[15]) also das, was man bis anhin stets ihren Preis nannte. Klüpfel gebraucht den Ausdruck Wert auf derselben Seite einmal in der Bedeutung der Geltung des Geldes, das zweite Mal in derjenigen seiner Kaufkraft.[16])

---

[11]) Vgl. Ordnung und Gesundung des Schweiz. Geldwesens, I. Denkschr.: Die absolute Währung des Geldes, S. 11.

[12]) Im Aufs. „Zur Kritik der absoluten Währung" in Zeitschr. f. schweiz. Stat. u. Volksw. Jahrg. 1920, Heft 1, S. 61.

[13]) Fürsprecher Edm. Goetschel: Kritik der absoluten Währung in Zeitschr. f. schweiz. Stat. u. Volksw. Jahrg. 1919, Heft 3, S. 288 f.

[14]) Zu dieser Frage sei noch verwiesen auf die Auff. v. Prof. Liefmann u. Prof. Sieveking über das Freigeld ebendort, Jahrg. 1920, Heft 1, in denen sie bereits die sachliche, der objektiven Wertlehre entlehnte Auffassungsweise der Vertreter von „Freigeld" hervorhoben.

[15]) Georg Hammer: Die Währungsfrage, S. 7.

[16]) Klüpfel: Lohn- und Geldentwertung, Berlin 1919, S. 17.

Muß demnach das, was von Gesell und Christen über den Wert geschrieben wurde, als gründlich verfehlt betrachtet werden, so finden sich immerhin einige zutreffende Bemerkungen über den sogenannten inneren Geldwert vor, der heute noch in der Geldlehre eine bedeutsame Rolle spielt, in dem ich aber, selbst in der Bedeutung, die diesem Begriff von Menger und Mises gegeben wurde, nur einen Ausläufer der objektiven Wertlehre zu erblicken vermag. Letztere Autoren, die einen inneren Geldwert im Sinne der Metallisten ablehnen, erblicken in ihm „das Maß des Einflusses, welchen die Änderung der auf Seite des Geldes liegenden Bestimmungsgründe der Preisbildung auf die Austauschverhältnisse des Geldes und der Kaufgüter ausübt",[17]) welche Bestimmungsgründe sie sich gleichsam objektiviert denken. Wenn wir uns aber klar machen, daß, abgesehen vom eventuellen Gebrauchswert des Geldzwecken dienenden Metalls, ein Wert des Geldes erst durch die Preisbildung und die dadurch gegebene Möglichkeit, das Geld gegen bestimmte Warenmengen einzutauschen, entsteht und der so gebildete Geldwert von der Preisbildung abhängt, mit ihr eigentlich zusammenfällt, so können wir uns einen inneren Geldwert, der gegenüber dem äußeren Tauschwert des Geldes sozusagen primär wäre und auf diesen einwirkte, nicht vorstellen. Der Geldwert ist ja nichts anderes als der Reflex der Preise, alle Vorgänge auf dem Geld- und Warenmarkt wirken auf die Preise ein und damit auf den Geldwert zurück.

b) Die Preislehre von „Freigeld".

Erklärt Gesell, das Wertproblem falle mit dem Preisproblem zusammen, so kommt alles auf die Erklärung der Preisbildung an. Da er hier wie anderwärts die handelnden Menschen übersieht, so vermag auch seine Preislehre über die alte Lehre von Angebot und Nachfrage nicht hinauszukommen, wobei Angebot und Nachfrage rein sachlich aufgefaßt werden. Das Angebot wird von Gesell der auf dem Markt sich befindenden Warenmenge, die Nachfrage der Geldmenge gleichgesetzt.

Was Gesell zur Analyse des Faktors Angebot weiter hinzufügt, ist nicht unrichtig. Die Größe des Angebots sei bestimmt durch die Zufuhren von Waren einerseits, die Abfuhr infolge abgeschlossener Verkäufe andererseits. Die Zufuhr sei abhängig von der Bevölkerungsvermehrung und der Arbeitsteilung, von letzterer deshalb, weil sich bei ihrer Zunahme die Produktion für den Markt auf Kosten der Eigenversorgung ausdehne. Was wir aber bei der Analyse des Angebots vermissen, ist die Erklärung der Funktion des Preises für das Zustandekommen des Angebotes, die Frage

[17]) Vgl. Carl Menger: Art. „Geld" im Hdwb. d. Stw. Bd. IV, S. 593, ähnlich Mises: Theorie des Geldes usw. S. 131.

nach der Verteilung der Produktivkräfte auf die Erzeugung der verschiedenen Gütergattungen, die Lehre von den Produktionsumwegen, die Frage, wodurch das Angebot in der Verkehrswirtschaft mit der Nachfrage zur Übereinstimmung gebracht werde, weshalb Abweichungen entstehen können und inwiefern die Kosten für die Preisbildung entscheidend sind. Alle hier genannten Probleme, welche den eigentlichen Inhalt einer jeden Preistheorie ausmachen, werden von Gesell übersehen. Dies ist natürlich für seine weitere Theorie, vor allem für seine Krisenlehre von entscheidender Bedeutung.

Die Waren sollen eine Zwangsnachfrage nach Geld halten. „Die Ware wird für den Markt erzeugt und kann nur als Tauschgegenstand ihrem Erzeuger nützlich werden. Darum ist das Angebot gleich dem Warenbestand, das Angebot ist eine Sache, ist Stoff, auf alle Fälle eine mit Waren vollführte willenlose Handlung."[18]) Gesell unterscheidet die Geldnachfrage, die durch das Warenangebot gebildet werde vom Geldbedarf, der von den Personen ausgehe, die Kredit in Anspruch zu nehmen wünschen. „Die Nachfrage nach Geld hat mit dem Bedarf an Geld nichts gemein. Bedarf an Geld hat der Bettler, der Staat, der umwucherte Bauer, auch der Kaufmann, der Unternehmer, der einen Wechsel diskontieren will; Nachfrage nach Geld hält nur der, der Ware feilhält."[19]) Während die Geldnachfrage die Warenpreise bestimme, sei der Geldbedarf von Bedeutung für den Zinsfuß. „Beide Dinge haben durchaus nichts Gemeinsames."

Der Begriff der Geldnachfrage entspricht dem in der Geldlehre gebräuchlichen des Geldbedarfs, während das, was Gesell als Geldbedarf bezeichnet, gewöhnlich Kreditbedarf oder, in der Bankterminologie auch Nachfrage nach Geld, genannt wird. Hat wirklich die Geldnachfrage (in Gesells Terminologie) mit dem Geldbedarf nichts zu tun? Das Geld dient, wie bereits ausgeführt, nicht nur der Vermittlung des Warenverkehrs, sondern auch derjenigen des Kapitalverkehrs. Halten denn alle jene, die für Vermögensübertragungen, Zins- und Pachtzahlungen, Steuern usw. Geld benötigen, nicht auch Nachfrage nach Geld (Geld im weiteren Sinne genommen)? Die Geldversorgung hat nicht nur für das im Warenverkehr benötigte Geld zu sorgen, sondern gleichermaßen für das vom Kapitalverkehr benötigte. Diese beiden Quellen des Geldbedarfs lassen sich übrigens praktisch nicht voneinander trennen, sondern fließen ständig ineinander über. Auch die Meinung Gesells, der Zinsfuß habe mit den Warenpreisen nichts zu tun, ist durchaus irrig. Im Gegenteil ist er als Regulator der Geldnachfrage und der Geldausgabe auch derjenige der Warenpreise.[20])

---

[18]) N. W. O. S. 164.

[19]) S. 161.

[20]) Für die Funktion des Zinssatzes als Regulator der **Warenpreise** ist zu verweisen auf das interessante Buch von Knut **Wicksell**: Geldzins und

Das Preisbildungsproblem ist nach all dem viel komplexer, als es die einfache Schematisierung Gesells erkennen läßt. Die Formel Ware — Geld ist zwar einleuchtend, wird aber der Mannigfaltigkeit der verschiedenen, vom Waren- und Geldmarkt ausgehenden Preisbestimmungsgründe nicht gerecht. Dazu kommt noch, daß der Gesellsche Geldbegriff, wie ausgeführt, zu eng ist. Diesem Übelstand sucht Gesell dadurch Rechnung zu tragen, daß er die auf dem Kreditweg, d. h. ohne die Vermittlung von Bargeld zum Abschluß gelangten Warenkäufe als Verminderung der Geldnachfrage auffaßt.[21]) Nach Gesell sind nur die gegen Bargeld ausgetauschten Waren auf die Preisbildung von Einfluß, die andern üben nur einen indirekten Einfluß dadurch aus, daß sie die Nachfrage nach Geld entlasten und im Falle des Versagens des Kreditwegs auf das Bargeld zurückfallen, was einen Krisengrund bilde.

Diese Auffassung des Preisproblems ist zu eng. Wie früher ausgeführt, besteht das Problem der Preisbildung in der Begrenzung der Nachfrage gemäß den vorhandenen Mitteln, was eben durch Ansetzung genügend hoher Preise erfolgt. Ob die Waren durch Vermittlung des Bargeldes oder ohne dasselbe den Konsumenten erreichen, ist für die Preisbildung zunächst gleichgültig. Der Kredit wirkt auf die Preise nur dadurch ein, daß er eine Ausdehnung der Warennachfrage mit sich bringt und zur Vermehrung der Geldeinkommen führen kann. Die Höhe der Geldeinkommen bildet stets den letzten Preisbestimmungsgrund, da durch sie der Umfang der schließlichen Nachfrage bestimmt wird.[22])

Damit kommen wir zum dritten Punkt, worin die Formel Ware — Geld zu eng ist, die Gleichsetzung der Geldmenge mit der Nachfrage. Nach Gesell geht die Nachfrage nicht von Personen, sondern von Geld aus. „Wie die Ware die verkörperte Nachfrage nach Geld darstellt", sagt er, „so vergegenständlicht das Geld die Nachfrage nach Waren. Wo der Geldbestand vergrößert wird, wird

---

Güterpreise, Jena 1898. Wicksell hat nach meinem Dafürhalten den Einfluß des Zinssatzes auf die Güterpreise doch zu unmittelbar angenommen und dafür den Zusammenhang, der zwischen ersterem und der Einkommensbildung zweifellos besteht, zu wenig hervorgehoben.

[21]) N. W. O. S. 169.

[22]) Auf die Zahlungsfähigkeit und damit die Einkommenshöhe als bestimmendes Moment für die Nachfrage und die Preisbildung im einzelnen aufmerksam gemacht zu haben, ist das Verdienst von Fr. J. Neumann in seinem Aufsatz „Die Gestaltung des Preises" in Schönbergs Handb. d. Pol. Ök. — O. Zwiedineck hat nun mit Recht in der Einkommensgestaltung und dem durch sie bestimmten subjektiven Geldwert der einzelnen den Bestimmungsgrund für die Kaufkraft des Geldes in oben umschriebenem Sinne erblickt (Aufs. Einkommensgestaltung als Geldwertbestimmungsgrund in Schmollers Jahrb. Bd. 33). Diesen Gedanken hat neuerdings Liefmann in allen seinen Konsequenzen fortgeführt und zum Angelpunkt seiner Geldlehre gemacht. Ich betrachte ihn für die Geld- und namentlich auch die Konjunkturlehre als sehr fruchtbar.

auch die Nachfrage nach Waren vergrößert."[23]) Wäre nicht der Übelstand, daß das Geld zurückgehalten und dadurch die Nachfrage verschoben werden könnte, so übte nach Gesell das Geld die gleiche Zwangsnachfrage nach Waren aus, wie die Waren nach Geld. Durch diese sachliche Auffassung ist Gesell der Weg zu den Nutzenschätzungen der Konsumenten, d. h. zu dem Bedarf, der doch den Inhalt der Nachfrage bildet, verbarrikadiert. Das Geld bildet nicht selbst die Nachfrage, sondern nur das Mittel, durch welches sie sich auf dem Markt geltend macht.

Erst durch das Zurückgehen auf die Nutzenschätzungen der Konsumenten werden wir Verständnis für die Vielgestaltigkeit und Beweglichkeit der Nachfrage erlangen, ist doch der Mensch Ausgangspunkt und Zweck der Wirtschaft. Er, d. h. seine Nutzenschätzungen und sein wirtschaftliches Streben muß daher den Ausgangspunkt der Wirtschaftswissenschaft und mithin der Preislehre bilden. Indem Gesell im Ausgangspunkt seiner Betrachtung fehlt, übersieht er vollständig das eigentliche Problem. Nicht daß überhaupt Nachfrage da ist, gilt es zu erklären, das ist selbstverständlich, sondern die Bewegungen dieser Nachfrage. Die Anpassung der Produktion an diese Bewegungen und die Hemmungen, denen sie dabei begegnet, bilden das zu untersuchende Objekt.

IV. Kapitel.

Kritik der Freigeld-Zinslehre.

§ 13.

Gesells Stellung zum Verteilungsproblem im allgemeinen.

Einige kritische Bemerkungen zu den von Gesell dem Komplex der Verteilungsfrage gewidmeten Ausführungen und den dabei zutage tretenden Auffassungen seien der Behandlung seiner Zinslehre vorangestellt.

Eine einheitliche Theorie der Verteilung fehlt Gesell. Er verbindet in seiner Lohn-, Renten- und Zinslehre in eklektischer, ja oberflächlicher und teilweise sich widersprechender Weise durchaus heterogene Elemente. Vor allem fehlt eine Einreihung der verschiedenen, zum Problem der Verteilung vorgetragenen Äußerungen in eine allgemeine Wert- und Preislehre, was sich aus Gesells negierender Haltung zur Wertlehre und seiner oberflächlichen Behandlung der Preisbildung von selbst versteht. Dadurch geht ihm aber auch der einheitliche Gesichtspunkt bei der Behandlung ab. Und doch steht bei ihm die Frage der Verteilung des

---

[23]) N. W. O. S. 170 f.

Volkseinkommens unter die Träger der verschiedenen Produktionsfaktoren (Arbeit, der auch die Unternehmertätigkeit von Gesell zugezählt wird, Kapital und Boden) im Mittelpunkt der Erörterungen, bezwecken doch seine Reformvorschläge die Beseitigung des arbeitslosen Einkommens. Voraussetzung für solche Vorschläge bildet der Einblick in das Wesen des Verteilungsprozesses in der tauschwirtschaftlichen Volkswirtschaft. Dieser knüpft aber an die Preisbildung der Produkte und Dienstleistungen und im Zusammenhang damit derjenigen der Produktionsfaktoren an.

Seit der klassischen Nationalökonomie, welche erstmals eine solche Einreihung versuchte, wurde die Einkommenslehre als Teilproblem der allgemeinen Wert- und Preislehre betrachtet, so sehr auch der Inhalt der Lehre zufolge des verschiedenen Ausgangspunkts gewechselt hat. Während nämlich die klassische Verteilungslehre, als deren Vertreter Ricardo zu gelten hat, vom Kostenprinzip ausging, nimmt sich die moderne Verteilungslehre den Grundgedanken zur Richtschnur, daß es die Wertschätzung der Produkte durch die Konsumenten sei, welche die Preisbildung der Produktionsfaktoren und gleichzeitig die Einkommensbildung bestimme.

Eine gänzlich verschiedene Auffassung von der Verteilung hat der ältere, vom Naturrecht beeinflußte Sozialismus ausgebildet. Im Anschluß an Smiths Lehre, daß sich ursprünglich die Waren nach Maßgabe der Arbeit ausgetauscht hätten und das Zins- und Renteneinkommen eine entsprechende Kürzung vom Arbeitsertrag bewirke,[1]) betrachteten diese Autoren die Arbeit als Ursache des Wertes und verkündeten das „Recht auf den vollen Arbeitsertrag" als ein naturrechtliches Postulat. Diese Verteilungslehre, wenn wir sie als solche bezeichnen wollen, nimmt das Arbeitseinkommen à priori als einzig natürlich und selbstverständlich hin und betrachtet die andern Einkommensarten als durch Machtfaktoren bedingt und daher als widerrechtliche Aneignung. In Owen haben wir einen Verfechter dieser Anschauung gefunden, der gerade durch sie zu seinem tauschsozialistischen Ideengang geführt wurde. Hall

[1]) Das achte Kapitel des ersten Buches von Smith beginnt mit den Worten: „Das Produkt der Arbeit bildet die natürliche Vergütung derselben oder den Arbeitslohn." Dieser natürliche Zustand, so führt Smith aus, habe nicht länger dauern können, als bis die Bodenaneignung und Kapitalansammlung eingeführt wurden. Sobald der Boden Privateigentum geworden sei, fordere der Grundbesitzer einen Teil der Erzeugnisse als Rente. Der Kapitalbesitzer, der sein Kapital für die Produktion vorschieße, tue dies nur, wenn er einen Gewinn, der einen zweiten Abzug vom Arbeitsertrag darstelle, erziele. Diese Bemerkungen von Smith bilden den Ausgangspunkt der Ausbeutungstheorie. In andern anerkennt er die drei Produktionsfaktoren gleichermaßen als Kosten an. Eine einheitliche Theorie der Verteilung hat Smith nicht entwickelt, sondern nur Ansätze zu verschiedenen Theorien, die dann von seinen Nachfolgern weiter ausgebildet wurden.

und Thompson,[2]) sowie Owens Schüler Bray, der auch dessen tauschsozialistische Ideen weiter verfolgte, wären ihm zur Seite zu stellen. Auch Proudhon muß dieser Richtung zugezählt werden, hat er doch eine eigentliche Verteilungslehre nicht entwickelt, sondern das Eigentum als letzten Endes auf das Gold zurückzuführendes Machtverhältnis betrachtet, das die Verteilung beeinflusse.

Während der von Gesell so verächtlich behandelte Marxismus eine großangelegte Synthese dieser zwei Betrachtungsweisen darstellt, schwankt der Verfasser der Freigeldlehre unentschlossen zwischen beiden Auffassungen hin und her, bald den einen, bald den andern Standpunkt stärker betonend.

Seiner Grundauffassung nach gehört Gesell der zweiten Gruppe an, weil er den vom Lohnfonds genommenen Abzug auf Machtverhältnisse (das Boden- und das Geldmonopol) zurückführt. Bei dieser Auffassung bleibt er aber nicht, offenbar weil sie ihn selbst nicht befriedigt. Er verbindet sie mit der zweiten Auffassung, derjenigen der Einkommen als durch den volkswirtschaftlichen Bewertungsprozeß bedingte Preise, was ihm nur aus Mangel an einer Wert- und Preislehre glückt, die diesen Namen verdient. Für die Grundrente haben wir die Verschiebung des Gesichtspunkts bereits hervorgehoben. Von einer Monopoltheorie entwickelt sie sich zu einer Differentialrententheorie, wobei aber stets noch der Gedanke festgehalten bleibt, es handle sich bei der Grundrente um ein Verhältnis zwischen Grundbesitzer und Pächter. Geht aber die Grundrente aus dem volkswirtschaftlichen Bewertungsprozeß hervor, so besteht sie unabhängig von den Eigentums- und Rechtsverhältnissen und bildet eine rein wirtschaftliche Kategorie.

Dasselbe gilt aber auch für den Zins. Da haben wir einerseits die an den Namen Proudhons anknüpfende Lehre, daß die Machtposition des Geldbesitzers, der das Geld nach Belieben ausgeben oder zurückhalten könne, den Zins bedinge. Da jedermann bestrebt sei, die ihm zukommenden Vorteile voll auszuschöpfen, werde der Zins, führt Gesell aus, stets das Maximum dessen betragen, was die Produzenten für den Anschluß an den Markt zu zahlen gewillt seien.[3]) Dann aber besinnt er sich, daß der Zins doch auch mit der Kapitalknappheit zusammenhängt, er faßt das Zinsproblem wieder als Preisproblem auf. „Denn wir sagen, daß Nachfrage und Angebot den Zins des Realkapitals (!) bestimmen und erkennen damit, daß der Zins vielen Einflüssen unterworfen ist."[4]) Dieser kann demnach nur dann fallen, wenn das Kapitalangebot vermehrt wird. Wie Gesell diese beiden, sich gegenseitig widersprechenden Lehren zu vereinbaren sucht, wird unten zu zeigen sein.

---

[2]) Vgl. A. Menger, Das Recht auf den vollen Arbeitsertrag, Stuttgart 1886, S. 45ff.

[3]) So in „Zinsfreie Darlehen", a. a. O.

[4]) N. W. O. S. 341.

Die Ursache der in der Verteilungslehre Gesells herrschenden Widersprüche liegt tiefer. Gesell ist beherrscht von der Vorstellung, daß die Arbeit das alleinige Kostengut sei, ansonst wäre es widersinnig, den Abzug vom „vollen Arbeitsertrag" (im Sinne Gesells) auf besondere Machtverhältnisse zurückführen und durch deren Entfernung die „natürliche Wirtschaftsordnung" herstellen zu wollen. Diese Auffassung hat er gemein mit seinen tauschsozialistischen Vorgängern. Er ist aber in höherem Maße Ökonom als sie, daher kann er sich mit dieser Lösung nicht begnügen, dies um so weniger, als er sie nicht in eine allgemeine Wertlehre eingliedert, wie Proudhon. Der wirtschaftliche Charakter der Grundrente ist zu einleuchtend, um negiert werden zu können, und beim Zins sieht er gleichfalls, daß ein wirtschaftliches Problem besteht, er kann ihn nicht durch die Tauschreform in der Versenkung verschwinden lassen, wie seine Vorgänger. Wenn aber das Kapital als Kostenfaktor und der Zins als wirtschaftliches Element anerkannt werden muß, so müßte zunächst untersucht werden, ob nicht der aufgezeigte wirtschaftliche Tatbestand (Kapitalknappheit) zur Erklärung des Phänomens völlig ausreicht. Wenn Gesell dies unterläßt und zu einer künstlichen Konstruktion greift, so liegt dies an seiner oben charakterisierten methodischen Einstellung.

Zunächst noch eine kurze Bemerkung zu Gesells Lohntheorie. Die Hypothese des Lohnschatzes, von der unser Autor ausgeht, weist auf die Lohnfondstherorie hin, die von den Nachfolgern der Klassiker im Anschluß an Ricardos Lohntheorie aufgestellt wurde und lange Zeit herrschend war. Sie beruht auf der Vorstellung, es existiere in der Volkswirtschaft eine in jedem Moment bestimmte Kapitalmenge, die für Lohnzahlungen verfügbar sei. Die Lohnhöhe hinge dann einfach vom Verhältnis zwischen diesem Lohnfonds und der Zahl der Arbeiter ab.

Bei Gesell verliert der Lohnschatz die Bedeutung einer zu Lohnzahlungen dienenden Kapitalanhäufung, um einfach der Summe aller Arbeitserträge gleichgesetzt zu werden. Gesell sagt: „Das was nach Abzug der Rente und des Kapitalzinses an Produkten übrig bleibt, bildet den Lohnschatz, in den sich alle Arbeiter (Tagelöhner, Geistliche, Kaufleute, Ärzte, Knechte, Könige, Handwerker, Künstler usw.) zu teilen haben."[5]) Er verwendet hier den Ausdruck Arbeiter im Sinne des tätigen, des produktiven Menschen schlechthin, in der Bedeutung also, in der Smith vom Arbeiter sprach. Seither hat dieser Begriff aber den bestimmten Sinn des Lohnarbeiters erhalten, der den selbständig Erwerbenden gegenübergestellt wird. Der Arbeitslohn ist nicht einfach Arbeitsertrag, sondern das bedungene Arbeitseinkommen. In diesem Sinne wird der Ausdruck in anderm Zusammenhang auch von Gesell selbst angewandt. Die beiden Begriffe werden von ihm vermengt.

[5]) N. W. O. S. 53.

Die daraus hervorgegangene Vorstellung einer Konkurrenz aller Schaffenden, also der Unternehmer und der Arbeiter auf dem Arbeitsmarkt, wobei jeder „das größte Stück" erhalten wolle, wie sich Gesell ausdrückt, entspricht der Wirklichkeit nicht. Aber auch die ganze Gesellsche Hypothese des Lohnschatzes bleibt ohne tieferen Sinn. Erklärungskraft kommt ihr nicht zu, stellt sie doch die bloße Summierung aller Arbeitserträge dar, über deren Bestimmungsgründe damit nichts ausgesagt wird.[6]) Den Lohn (will heißen die Arbeitserträge schlechthin) und damit den Lohnschatz läßt Gesell vielmehr bestimmt sein durch den Ertrag des Freiländers. Der fingierte Lohnschatz sinkt also zur bloßen Hilfskonstruktion herab, um Zins und Rente als Abzug vom Arbeitsertrag erscheinen zu lassen.

Aber wie in einer an sich gänzlich verfehlten Konstruktion häufig doch irgendeine richtige Beobachtung enthalten ist, so können wir auch hier als Wahrheitsgehalt wenigstens eines herauslesen, die Abhängigkeit des Arbeitslohns von den Arbeitserträgen der selbständig Erwerbenden, d. h. vom Unternehmergewinn. Also nicht Konkurrenz aller Arbeitenden um das „größte Stück" des fingierten Lohnschatzes, wohl aber Abhängigkeit der bedungenen Arbeitseinkommen von der Höhe der Arbeitserträge im allgemeinen, auch von demjenigen des „Freiländers", der ja ebenfalls Unternehmereinkommen darstellt. Diese Abhängigkeit hat man sich allerdings nicht als unmittelbare, sondern nur als mittelbare zu denken. Hohe Unternehmergewinne wirken auf den Arbeitslohn je nach der Verfassung des Arbeitsmarkts und der Macht der Arbeiter.

Hat Gesells Lehre vom Lohnschatz mit der Lohnfondstheorie nichts gemein als den Namen, so nähert er sich ihr bei anderer Gelegenheit wieder mehr. Dort nämlich, wo er nachweisen will, daß mit der Vermehrung des Realkapitals eine Erhöhung der Löhne unausweichbar verknüpft sei. Das Realkapital, meint er, sei an sich eine Nachfrage nach Arbeitern. „Realkapital und Arbeiterbedarf ist ein und dasselbe."[7]) Deshalb sei der Lohn abhängig von der Größe des Realkapitals. Seine Vermehrung bedeute also "unmittelbar eine Erhöhung der Löhne, einen größeren Anteil der Arbeiter an den Produkten der Arbeit". Um diesen Satz zu würdigen, müssen wir uns in Erinnerung rufen, daß Gesell unter Realkapital nicht eine bestimmte Güterkategorie, sondern den gesamten Güter-

---

[6]) Die von Gesell S. 54 N. W. O. angegebene Zusammensetzung des Lohnschatzes baut auf seiner Freiländer- und (für den 3. Teil desselben) auf seiner Zinstheorie auf. Der „Lohnschatz" wäre demnach nicht das Primäre, das Lohnbestimmende, sondern erst durch den Ertrag des Freiländers und die von ihm abhängigen Arbeitserträge der bewohnten Gegenden bestimmt. Von einer Kritik der drei Beiträge zum Lohnschatz im einzelnen glaube ich absehen zu können.

[7]) Aufs. Zinsfreie Darlehen, a. a. O. S. 48.

vorrat mit Ausnahme von Grund und Boden versteht. Dann entspricht die Lehre ungefähr der ursprünglichen Fassung der Lohnfondstheorie durch James Mill, die den Lohn abhängen ließ vom Verhältnis der Gesamtmasse des Kapitals (d. h. den der Produktion gewidmeten Gütern) zur Zahl der Arbeiter. Dagegen führte Senior aus, daß nur ein Teil des Kapitals eines Landes für Lohnzahlungen in Betracht komme und die Lohnhöhe nur von der Größe dieses Teils abhänge.[8])

Nicht unzutreffend wurde dieser Lehre gegenüber geltend gemacht, der Lohn werde nicht aus einem Kapitalfonds, sondern aus dem Preis der Produkte bezahlt. Daraus darf allerdings nicht geschlossen werden, daß für die Lohnhöhe die Kapitalansammlung bedeutungslos sei. Sie gestattet eine produktivere Verwendung der Arbeitskraft und schafft dadurch die Möglichkeit für Lohnerhöhungen. Falsch ist aber die Annahme, daß die Kapitalvermehrung einen unmittelbaren Einfluß auf die Lohnhöhe ausübe. Das ganze, durch die Kapitalansammlung hervorgebrachte Mehrprodukt kann auch Unternehmern und Kapitalisten zufließen. Das geschah zur Zeit des Frühkapitalismus, als eine starke Vermehrung des Kapitals und der Produktionsmittel mit dem Elend der Massen parallel ging. Dieser Beobachtung entstammte die heute allgemein aufgegebene Marxsche Verelendungstheorie.

Gesell hat sich durch seine Zinsdeduktionen zu diesen falschen Schlüssen verleiten lassen. Ein Beweis dafür, wie vorsichtig wir die deduktive Methode anwenden müssen. *Auch ist Gesell der Vorwurf nicht zu ersparen, daß er zwei verschiedene Theorien ohne jeden Versuch des Ausgleichs nebeneinander gestellt und beiden eine absolute und von andern Faktoren unabhängige Geltung zugeschrieben habe*, eines der Beispiele für die unrichtige Darstellung und Heraushebung eines einzigen Kausalzusammenhangs, wo deren verschiedene vorhanden sind.

§ 14.

Kritik der Lehre vom Geld als Quelle des Zinses.

a) *Kritik des Ausgangspunkts und der Beweisführung Gesells.*

Die von Gesell vertretene Thesis geht dahin, der Zins sei bei Gelddarlehen eine Selbstverständlichkeit, nicht aber bei Naturaldarlehen. Auf ihr baut sich das Weitere von Gesells Zinslehre auf. In seiner Schrift: Zinsfreie Darlehen sucht er diese These näher zu begründen. Sehen wir zu, wie er es anstellt.

---

[8]) Vgl. Diehl und Mombert: Ausgewählte Lesestücke zum Studium der Polit. Ökonomie, 2. Bd. Der Arbeitslohn.

Gesell geht in der Begründung seiner Auffassung des Zinses von der Frage aus: „Warum gleichen sich bei Darlehen oder Anleihen Nachfrage und Angebot niemals aus, warum bleibt das Angebot regelmäßig der Nachfrage genüber im Rückstand?“[1]) Vom Standpunkt der Preistheorie muß hiezu bemerkt werden, daß der Zinsfuß sich gerade hoch genug, aber auch nicht höher stellt, um die Nachfrage nach Kapitaldisposition mit dem Angebot in Übereinstimmung zu bringen. Gesell wollte vielmehr sagen: Weshalb gleichen sich bei Darlehen oder Anleihen Nachfrage und Angebot niemals bei einem Satz von null % aus?

Die Antwort, welche die meisten nationalökonomischen Schriftsteller seit 1½ Jahrhunderten (seit dem Physiokraten Turgot) auf diese Frage gegeben haben, heißt: weil der Darlehensnehmer mittels des aufgenommenen Geldes einen Überschuß zu erzielen vermag oder doch erhofft, einen solchen zu erzielen, deshalb ist er, je nach der Größe des erwarteten Überschusses bereit, einen höheren oder niedrigeren Zins zu zahlen.[2]) Aus dieser Antwort folgt dann, daß sich Angebot und Nachfrage auf dem Darlehensmarkt so lange nicht bei einem Zinsfuß von 0% ausgleichen werden, als ein solcher Überschuß erzielt werden kann. Die Aufgabe besteht nun eben darin, das Wesen dieses Überschusses klarzustellen.

Anders geht Gesell vor, der jenen Überschuß, den wir schon jetzt Gewinn nennen können, nur nebenbei und in der spezifischen Form des Ertrags aus dauerhaften Gütern erwähnt. Von der Voreingenommenheit beherrscht, daß der Zins mit dem Geld zusammenhängen müsse, sucht sich Gesell eine Naturalwirtschaft zu vergegenwärtigen. Er schildert uns in lebhaften Farben, daß dort der Darlehensgeber unter Umständen, d. h. wenn das Angebot auf dem Darlehensmarkt überwiege, gerne bereit sei, ein Darlehen auch ohne Zins zu gewähren gegen das bloße Versprechen der Rückerstattung gleicher Objekte in demselben Zustand. Diese Möglichkeit, daß die Marktlage zu ungunsten des Darlehensgebers umschlage, sei deshalb vorhanden, weil das „Realkapital“ aus verderblichen Produkten zusammengesetzt sei, deren Lagerung mit Verlust und Kosten verknüpft sei. Nach Gesell setzt sich das „Realkapital“ eines Landwirts zusammen aus: Kartoffeln, Stroh, Heu, Sämereien, Thomasschlacken, Guano, Poudrette, Mist, Jauche, Maschinen,

[1]) Zinsfreie Darlehen, a. a. O. S. 41.

[2]) Vgl. Boehm-Bawerk, Geschichte und Kritik der Kapitalzinstheorien, S. 67 ff. Boehm-Bawerk kleidet diesen Gedanken in die Worte: „Es gibt einen Leihzins, weil es einen ursprünglichen Kapitalzins gibt.“ Der Name ursprünglicher Kapitalzins, den Boehm für jenen Überschuß wählt, ist unglücklich, obwohl er seither in der nationalökonomischen Literatur Eingang gefunden hat. Bei der Wahl dieses Namens ist bereits die vielleicht unbewußte Tendenz unterlaufen, die Diskussion des Zinsproblems auf eine bestimmte Basis zu verschieben. Der Zins involviert den Begriff des Preises, er ist ein bedingtes Einkommen. Wenn wir von dem auf dem Kapitalmarkt

Werkzeuge, Säue, Kühe, Wagenschmiere.[3]) Ich erspare es mir, die aus ähnlichen Dingen bestehende Zusammensetzung des „Realkapitals" eines Gewerbetreibenden ebenfalls aufzuzählen.

So sei denn, folgert Gesell, beim Naturaldarlehen der Zins keine Bedingung desselben, während er beim Gelddarlehen eine Bedingung für dessen Gewährung darstelle.

Zu dieser Argumentation ist zu bemerken, daß es nur eine Selbstverständlichkeit besagt, wenn Gesell ausführt, der Zins könne auf null fallen, wenn das Angebot an Realkapital (richtiger an Kapitaldisposition!) so groß wäre, daß alle auftretenden Wünsche befriedigt werden könnten. Das trifft auf die Geldwirtschaft so gut zu, als auf die von Gesell angenommene Naturalwirtschaft. Es besagt uns also über die Ursache des Zinses rein nichts. Um jedoch die ganze Inhaltslosigkeit seiner Lehre zu verdecken, macht Gesell zunächst die willkürliche Annahme, daß in seiner supponierten Naturalwirtschaft sich die Marktlage auch tatsächlich in der gewünschten Weise gestalten könne. Dann wählt er lauter raschem Verderben oder regelmäßiger Abnützung unterworfene Güter und sagt uns: Seht, werden solche Güter auf dem Darlehensmarkt gehandelt, so liegt es im Interesse ihrer Besitzer, sie selbst dann auszuleihen, wenn der Zins null ist. Glaubt Herr Gesell aber im Ernst, daß die Sparer so dumm wären, ihre Ersparnisse in verderblichen Waren anzulegen? Sie würden diese doch wohl bei Zeiten verkaufen und dafür dauerhafte Güter erwerben. Wenn wir aber an die Stelle der Kartoffeln, Jauche und Wagenschmiere solche dauerhafte Güter setzen, z. B. Grund und Boden, dauerhafte Gebäude, Vieh, Metalle und Edelsteine, so wird Gesells Forderung bereits unwahrscheinlich.

Aber noch ein weiteres. Von einem Kapital- und Darlehensmarkt kann erst zur Zeit der Geldwirtschaft gesprochen werden. Vorher mögen einzelne Akte der Darlehensgewährung vorkommen, doch bleiben sie zufällig. In einer Naturalwirtschaft gibt es, weil die Geldrechnung fehlt, überhaupt kein Kapital. Wir können unmöglich unsere Verhältnisse in bezug auf Arbeitsteilung, Kapitalbildung und Kapitalnachfrage voraussetzen. Es hat demnach gar keinen Sinn zu weissagen, wie sich in einer geldlosen Wirtschaft der Zins gestalten würde.

Es könnte sich demnach höchstens darum handeln, an Hand historischen Materials zu untersuchen, auf welcher Grundlage sich ein Darlehensverkehr vor Aufkommen der Geldwirtschaft abwickelte.

---

durch die Konkurrenz der Darlehensnehmer und der Darlehensgeber festgestellten Preis absehen, so bleibt der in der Produktion erzielte Überschuß als das zu Erklärende. Dieser hat aber das Wesensmerkmal des Zinses abgestreift. Wenn Silvio Gesell betont, daß der Zins ein Preis sei, so möchte ich ihm hierin vollkommen recht geben.

[3]) Zinsfreie Darlehen, S. 44.

Bei Gesell liegt keine solche Untersuchung vor. Sie hätte auch schwerlich die Bestätigung seiner These erbracht. — Das älteste Darlehen bildet die Viehleihe, die wir schon bei primitiven Völkern antreffen. Hainisch findet gerade in ihr den historischen Ursprung des Kapitalzinses.[4]) Der Einsteller der Kuh habe den Milchnutzen, während dem Viehsteller das Kalb zufalle, das sie in der Zeit geworfen. Getreidedarlehen seien dann, so führt Hainisch weiter aus, zu demselben Wertverhältnis gewährt worden, wie die Viehleihe, indem das Kalb zum dritten Teil des Wertes der Kuh veranschlagt worden sei.[5]) Die hohen Sätze für Naturaldarlehen, die uns von jenen Zeiten bekannt sind, würden dadurch verständlich. Auch Roscher berichtet, daß sehr hohe Sätze (bis 50%) für Getreidedarlehen (es wird sich dabei hauptsächlich um Saatgetreide handeln) gegeben werden mußten, sobald Darlehen außerhalb des nächsten Verwandtenkreises gewährt worden seien.[6])

Wenn wir, um das Wesen des Zinses zu entdecken, damit beginnen, daß wir von der Existenz des Kapitals und des Kapitalmarkts absehen, d. h. von allen jenen Institutionen, welche das Zustandekommen eines einheitlichen Zinssatzes auf breiterer Basis voraussetzt, so können wir zwar „annehmen", daß unter der gemachten Voraussetzung der Zins auf null fallen könne, aber ebensogut kann das Gegenteil „angenommen werden". Mit andern Worten, Gesell hat nichts bewiesen, sondern das zu Beweisende in seinen Annahmen vorausgesetzt. Dieselben beruhen aber auf Willkür und sind außerdem undenkbar. Wenn Gesell nun, darauf gestützt, glaubt schließen zu dürfen, der Zins sei bei Naturaldarlehen keine Notwendigkeit, er müsse daher durch das Geld bewirkt sein, so sei es dem Leser anheimgestellt, zu entscheiden, welche Beweiskraft diesem Schlusse zukommt.

Auf solcher Grundlage baut sich die weitere Konstruktion Gesells auf. Diese beruht auf zwei neu hinzutretenden „Annahmen", derjenigen der Überlegenheit des Geldes und der anderen des Urzinses.

b) Kritik der Lehre von der Überlegenheit des Geldes.

Die Frage, woran es liege, daß der Zins bei Gelddarlehen selbstverständlich sei, bei Naturaldarlehen aber nicht, wird von Gesell dahin beantwortet, „weil das Geldkapital nicht wie das Realkapital einem unmittelbaren, unabwälzbaren Zwangsangebot

---

4) Michael Hainisch, Die Entstehung des Kapitalzinses im Sammelwerk: Festgaben für Adolph Wagner, Leipzig 1905.

5) A. a. O. S. 319 ff.

6) Wilh. Roscher, Grundlagen der Nationalökonomie, Stuttgart 1894, S. 503.

unterworfen ist".[7]) Unter Geldkapital versteht Gesell offenbar nichts anderes als das materielle, umlaufende Geld selbst, denn es sind ja die technischen Eigenschaften desselben, welche seine Überlegenheit begründen sollen.[8])

Wie haben wir diese Lehre von der sog. Überlegenheit des Geldes gegenüber den Waren zu beurteilen? Da ist auffällig, daß sie sich auf eine rein technische Tatsache stützt. Die Behauptung Gesells geht nur dahin, das Aufbewahren von Geld sei mit keinem Stoffverlust verbunden,[9]) nicht aber dahin, es könne keine Wertverminderung eintreten. Wenn hingegen Christen von der Wertstabilität des Geldes spricht, hat er gleichfalls nur die gleichbleibende Geltung des Geldes, nicht aber den Geldwert im Auge.[10])

Kann nun die technische Eigenschaft des Geldes als dauerhaftes Gut eine wirtschaftliche Überlegenheit desselben begründen? Was zunächst den Stoffverlust betrifft, mit dem die Waren behaftet sein sollen, so trifft diese Charakteristik nur auf bestimmte Gütergattungen zu, nicht aber auf alle, wie wir bereits hervorhoben. Es gibt Güter, die nicht nur keinem Stoffverlust unterworfen sind, sondern sogar regelmäßig an Wert gewinnen, wie manche Naturgüter, die zuerst eine Zeitlang abgelagert sein müssen, um ihren vollen Wert zu erlangen, auch manche Kunstgegenstände oder Schmuckstücke, die gerade wegen ihres Alters geschätzt werden. Mag man diese Beispiele als Einzelfälle bezeichnen, so kann man dies nicht für das wichtigste aller Güter, den Grund und Boden mit seinen Schätzen. Der Boden erfährt in den Kulturländern, in den Perioden rascher Bevölkerungszunahmen bei gleichbleibenden anderweitigen Umständen einen Wertzuwachs, der in den Verkehrszentren besonders stark ist. Gesell denkt bei seiner faulenden und rostenden Ware an die Verbrauchsgüter, doch ist auch in diesem Falle die Annahme einer natürlichen „Überlegenheit des Geldes" durchaus unbegründet.

Machen wir uns einmal klar, was darunter verstanden sein kann. Die Dinge der äußeren Welt stehen an und für sich in keinerlei wirtschaftlicher Beziehung zueinander. Eine unmittelbare Überlegenheit der einen Güter über die andern kommt demnach nicht in Frage. Der Mensch und sein Bedarf sind es, welche die Dinge der Außenwelt zu wirtschaftlichen machen und wirtschaftliche Beziehungen zwischen denselben herstellen.

Kann aber der Mensch als wirtschaftendes Subjekt aus dem Besitz von Gütern, die bestimmte Eigenschaften aufweisen, einen besonderen Vorteil gegenüber den Eigentümern von Gütern an-

---

[7]) Zinsfreie Darlehen, S. 65.
[8]) Siehe oben S. 45.
[9]) N. W. O. S. 176, 179.
[10]) Siehe oben S. 71.

derer Art ziehen? Es ist zu beachten, daß es sich nicht um einen ausschließlichen Besitz bestimmter Güter durch ein oder mehrere Individuen handelt, um eine Art Monopol, durch welches eine künstliche Knappheit geschaffen und dadurch ein höherer Preis erlangt werden könnte. Auf das von Hand zu Hand zirkulierende Geld treffen diese Merkmale offensichtlich nicht zu und ist der Ausdruck Geldmonopol daher irreführend. In Frage steht nur eine Überlegenheit aus der unbeschränkten Dauerhaftigkeit des Geldes.

Der Mensch schätzt die Güter der Nutzleistungen willen, die sie abzugeben imstande sind und in dem Maße, in dem diese seine Bedürfnisse befriedigen. Viele Dinge vermögen eine sehr große Anzahl von Nutzleistungen abzugeben, wir nennen sie dauerhafte Güter, andere haben sich in einer einzigen Nutzleistung erschöpft, es sind die Verbrauchsgüter. Die Mehrzahl der Güter steht in der Mitte. Wir schätzen nun alle Güter nach der Zahl der Nutzleistungen, die sie abzugeben in der Lage sind. In der Möglichkeit, viele Nutzleistungen zu liefern, liegt somit kein besonderer Vorzug eines Gutes, keine „Überlegenheit", da diese Eigenschaft ja bereits in der Wertschätzung desselben eskomptiert ist. Nun ist, wie wir alle Tage beobachten können, der Tauschwert der dauerhaften Güter gewöhnlich geringer als die Summe der Werte sämtlicher Nutzleistungen derselben, welche wirtschaftliche Tatsache im Zins begründet ist. Dieser bewirkt im Tauschverkehr eine niedrigere Bewertung der dauerhaften Güter gegenüber ihren Nutzleistungen. Wohl bemerkt, was die Ursache dieses Phänomens ist, darüber haben wir noch nichts ausgesagt. Wir sehen sie keineswegs in der niedrigeren Wertschätzung der erst in Zukunft reifenden Nutzleistungen gegenüber den heutigen, wie Boehm-Bawerk,[11]) sondern konstatieren im Gegenteil, daß der Tauschwert der dauerhaften Güter von der Höhe des Zinssatzes, den wir als primär betrachten, abhängt. Aber aus der Eigenschaft einer bestimmten Güterkategorie, immer aufs neue benutzt werden zu können, kann am allerwenigsten eine Überlegenheit in oben umschriebenem Sinne gefolgert werden, sonst würden sie doch höher und nicht niederer geschätzt. Sollte dies die Meinung Gesells in bezug auf das Geld sein, so läge eine grobe Täuschung vor.

Nun beruht aber die Wertschätzung des Geldes durch den einzelnen nicht auf der Möglichkeit, dessen Nutzleistungen stets aufs

---

[11]) Boehm-Bawerk führt den Zins auf die höhere Wertschätzung gegenwärtiger gegenüber zukünftigen Gütern zurück. Daraus folgert er, auf die dauerhaften Güter angewandt, daß der Wert der Nutzleistungen, die sie im Laufe der Zeit abgeben, mit ihrer zeitlichen Entfernung abnimmt. Der Wert des Gutes stellt die Summierung aller Werte der einzelnen Nutzleistungen dar und schwankt demnach mit der verschiedenen Einschätzung der erst in Zukunft fällig werdenden. Mit dem sukzessiven Reifen der künftigen Nutzleistungen soll auch der Wert des betreffenden Gutes sich entsprechend verändern (siehe Positive Theorie des Kapitals, S. 549 ff.).

neue genießen zu können, wie diejenige aller übrigen dauerhaften Güter, sondern im Gegensatz zu diesen auf der einmaligen Nutzleistung, welche dem Besitzer des Geldstückes seine Dahingabe gewährt. Das Geld wird demnach nicht nach Maßgabe seiner Dauerhaftigkeit geschätzt, sondern nach dem durch den einmaligen Tauschakt vermittelten Nutzen. Es ist dem Besitzer des Geldes also höchst gleichgültig, ob es im Laufe der Jahre rostet oder nicht, ihn interessiert nur, daß er einen einmaligen Kaufakt damit ausführen kann. Wieso also gerade das Geld durch seine Dauerhaftigkeit vor den andern Gütern eine Überlegenheit erlangen sollte, erscheint absolut unerfindlich.

Der gesteigerte Verkehr und seine Bedürfnisse waren es, die im Gegensatz zum früheren konventionellen Tauschmittel nach einem fungiblen und dauerhaften Geld verlangten. Denken wir uns an seiner Stelle ein rasch verderbliches Tauschmittel. Entweder der Staat würde dasselbe bei seiner Entwertung stets gegen ein neues eintauschen, oder aber es würde nur nach Maßgabe seines augenblicklichen Werts und seiner in nächster Zeit vorauszusehenden Entwertung genommen. Diese regelmäßige Minderbewertung käme in den zu zahlenden Preisen zum Ausdruck. Bei jedem Tauschakt müßte zunächst das Tauschgut auf Qualität und Quantität geprüft werden und die Bewertung wäre ein steter Gegenstand des Streites. Das würde eine unendliche Unsicherheit in Handel und Wandel hineintragen. Sind die vielen durch Herabsetzung des Münzfußes und Beschneidung der Münzen hervorgerufenen Geldwirren nicht Beweis genug?

So muß ich bekennen, die Meinung Gesells, daß die Stabilität des Geldes den Zins bedinge, ist mir unverständlich. In einer Wesensanalyse des Geldes und seines Verhältnisses zu den übrigen Gütern findet sie keine Stütze und ebensowenig an historischen Tatsachen. Es bildet daher auch die Idee des Freigeldes einen Versuch mit unzulänglichen Mitteln. Wurden in früheren Zeiten die Preise je nach dem Entwertungsgrad der Münzen verschieden hoch angesetzt, so würden bei uns die Bankzahlungmittel (Geldform in weiterem Sinn) die Funktion des Wertvorstellungs- und Wertausdrucksmittels übernehmen und das Freigeld würde je nach dem Grad seiner Entwertung mit Disagio zirkulieren. Was wäre da gewonnen?

Gehen wir nun über zur Betrachtung der zweiten „Annahme" Gesells, dem Urzins.

c) Kritik der Lehre vom Urzins.

Die Annahme des Urzinses beruht auf der Richtigkeit der beiden vorhergehenden Thesen Gesells, die wir bestritten haben. Wir können uns daher kurz fassen. „Der Geldzins wird von den Waren, also unmittelbar aus dem Kreislauf von Ware und Geld erhoben." „Diesen Geldzins werden wir von jetzt an Urzins nennen."[12]) Er ist für Gesell das Ursprüngliche, um den sich der von Angebot und Nachfrage nach Kapital bestimmte Zinssatz drehen soll. Dieser Urzins soll vom Geldbesitzer bei jedem Tauschakt von der Ware erhoben werden und das Entgelt für den Verzicht darstellen, das Geld noch länger zurückzuhalten.

Es ist nun unsere Aufgabe, uns zu fragen, ob die Annahme des Urzinses das Zinsproblem wenigstens in formaler Beziehung zu lösen imstande sei.

Nehmen wir Gesells Lehre gemäß an, der Produzent müsse sich beim Verkauf der Produkte einen Abzug gefallen lassen. Dieser gleiche Produzent würde durch den Verkauf der Güter in den Besitz des „vorzüglichen und überlegenen Geldes" gelangen, durch das er sich dieselbe Vergütung beim Einkauf der Rohprodukte, Werkzeuge usw. verschaffen könnte. Der Geldbesitzer hingegen hat sich vorher durch irgendwelchen Verkehrsakt in den Besitz des Geldes setzen müssen, bei welchem er der Geprellte gewesen wäre. Für den Zins als Reineinkommen bliebe somit kein Platz.[13])

Deshalb offenbar hat Gesell seine Lehre dahin modifiziert, nur der Kaufmann könne dank der Überlegenheit des Geldes einen Urzins erheben.[14]) „Diese besondere, vom Handelsgewinn scharf zu trennende Vergütung kann selbstverständlich nicht der von seinen leiblichen Bedürfnissen getriebene Warenkäufer (Verbraucher genannt) erheben (denn hier ist das Bedürfnis des Geldbesitzers nach Warenkauf ebenso dringend und unaufschiebbar, wie das Bedürfnis des Erzeugers nach Warenverkauf), sondern nur der als Geldbesitzer auftretende Kaufmann kann diese Abgabe erheben...... Der als Kaufmann auftretende Geldbesitzer, der Eigentümer des allgemeinen, unentbehrlichen Tauschmittels, der kann warten, der kann Warenerzeuger und -Verbraucher regelmäßig dadurch in Verlegenheit bringen, daß er mit dem Tauschmittel (Geld) zurückhält."[15]) In seinem späteren Aufsatz präzisiert Gesell diesen Gedanken wie folgt: „Der Kaufmann aber übernimmt die Ware nur unter der Bedingung, daß er sie mit Zins belastet an den Verbraucher abgeben kann. Der Konsument, der mit Geld die Ware vom Kaufmann ersteht, kann sich bei den Verhandlungen um den Preis nicht auf die Unverwüstlichkeit seines Geldes berufen, denn er braucht ja die Ware persönlich und die Marktlage ist aller Regel nach so, daß der Konsument dem Kaufmann das G^1 bewilligen

---

12) N. W. O. S. 336.

13) Vgl. meinen Aufs. „Zur Kritik von Gesells Zinstheorie" in: Die Freistatt vom 30. April 1920.

14) In seinem 1911 herausgegebenen Buch, Die neue Lehre vom Geld und Zins, finden wir diese Version noch nicht.

15) N. W. O. S. 327.

muß."[16]) Dieser bereite jene Marktlage durch das Zurückhalten des Geldes regelmäßig vor.

Das war eben die Auffassung Owens. Nach Owen vermochte der Kaufmann durch das Mittel des Geldes, das ein schlechter Wertmesser sei, die natürliche Tauschrelation zu ungunsten des Produzenten zu verschieben. Somit haben wir das interessante Beispiel einer Theorie, die schließlich zu ihrem Ursprung zurückkehrt.

Diese Lehre Gesells beruht auf einer doppelten Begriffsverwechslung. Nehmen wir die Voraussetzung eines besonderen Vorzugs des Geldes als richtig an, so werden wir zugeben müssen, daß der Kaufmann zur Tätigung seiner Umsätze dieses „wertbeständigen" Umlaufsmittels gar nicht bedarf. Der Großkaufmann (um den es sich doch handelt) begleicht die Zahlungen im internationalen Handel durch Wechsel, Scheck, telegraphische und briefliche Überweisung, wie Gesell sehr gut weiß. Wenn er in seinen Umsätzen eine Unterbrechung eintreten läßt, so hält er also gar kein Geld zurück, sondern läßt sein Bankguthaben um die betreffenden Beträge anschwellen. Daß also die Dauerhaftigkeit dieses Geldes, das er gar nicht benötigt, ihm die Erpressung eines Zinses ermöglichte, davon kann keine Rede sein. Die Begriffsverschiebung liegt nun darin, daß Gesell, während er vom Geld im engeren Sinne spricht, tatsächlich und ohne sich dessen bewußt zu werden, an die Geldform im weiteren Sinne denkt.

Aber noch eine weitere Begriffsverwechslung liegt Gesells Argumentation zugrunde, diejenige von Geld und Kapital. Das Kapital stellt sich dem Handel erfahrungsgemäß nur dann zur Verfügung, wenn es, abgesehen von der Verschiedenartigkeit des Risikos, den gleichen Gewinn wie bei Investitionen in andern Erwerbszweigen erzielen kann. Es läßt sich ja das Kapital aus dem Handel besonders leicht zurückziehen. Das, was Gesell vom Geld behauptet, daß es nur dann den Austausch vermittle, wenn es einen Zins erlangen könne, bezieht sich nicht auf dieses, sondern auf das Kapital. In diesen beiden Begriffsverwechslungen, glaube ich, liegt der Schlüssel zu dieser Konstruktion Gesells.

Weshalb aber das Handelskapital einen Zins erlangen kann, darüber können wir noch nichts aussagen. Er wird aus dem im Handel erzielten Überschuß, dem Gewinn bezahlt. Das zu lösende Problem besteht darin, weshalb in der Produktion und im Handel über den Ersatz der aufgewandten Kapitalteile und die Entlöhnung der Arbeitskräfte hinaus ein Überschuß erzielt werden kann. Darüber sagt uns Gesell nichts aus.

Zusammenfassend können wir über Gesells Lehre, daß das Geld den Zins bedinge, sagen:

---

[16]) Aufs. Gesells, „Wegelins Kritik der Freigeld-Zinstheorie" in: Die Freistatt, Nr. 15, Juni 1920.

1. Die Voraussetzung von Gesells Zinslehre, daß der Zins bei Gelddarlehen eine selbstverständliche Bedingung sei, bei Naturaldarlehen aber nicht, ist gänzlich unbegründet.
2. Eine Überlegenheit des Geldes, auf die sich der Zins begründen ließe, besteht nicht.
3. Selbst bei Anerkennung der beiden vorangegangenen Annahmen und der weiteren des Urzinses kann der Zins nicht erklärt werden.
4. Die Meinung, der Kaufmann könne den Zins erzwingen, beruht auf einer Begriffsverwechslung von Geld im engeren und weiteren Sinn und von Geld und Kapital.

d) Kritik von Solvays Auffassung des Geldzinses.

Hier ist der Ort, noch kurz auf Solvays Zinslehre zurückzukommen, deren wir im dogmengeschichtlichen Teil Erwähnung getan haben. Für Proudhon erübrigte sich die Ausbildung einer eigentlichen Zinslehre, weil seine Lehre, daß die kapitalistischen Abzüge durch das Geldsystem veranlaßt seien, in seiner Werttheorie verankert war. Solvay hingegen mußte irgendeine Begründung für diese Auffassung vortragen. Sie fiel schwach genug aus.

Solvay scheidet streng den reinen Geldzins von den übrigen Bestandteilen des Rohzinses, hierin vorteilhaft von Proudhon abstechend, der den reinen Zins mit dem Rohzins verwechselte. Ersteren bringt Solvay in Zusammenhang mit dem Metall, aus dem das Umlaufsmittel bestehe und unter ausdrücklicher Verneinung der Möglichkeit, daß das Umlaufsmittel als solches den Zins veranlasse. Die Ursache desselben sucht er in dem Umstand, daß das Metall durch die Benutzung als Tauschmittel seiner eigentlichen Bestimmung entzogen werde, wie alle andern wirtschaftlichen Güter der Befriedigung menschlicher Bedürfnisse zu dienen. Weil der Gebrauch des Metalls (als Schmuck u. a.) während der Zeit seiner Verwendung als Tauschmittel verloren gehe, beeile man sich, einen Zins zu verlangen, sobald es ausgeliehen werde.[17])

Wir sehen, eine Erklärung des Zinses liegt nicht vor, nicht einmal ein Ansatz zu einer solchen, denn es fehlt die Aufweisung eines Zusammenhangs zwischen dem erwähnten Tatbestand und dem Zins. Solvay macht nicht den mindesten Versuch, nachzuweisen, wie sich jener Anspruch auf Entschädigung für entgangenen Genuß praktisch durchsetzen könne. Was Solvay vorbringt, kann höchstens als Versuch einer Rechtfertigung des Zinses im Falle eines Edelmetallgeldes betrachtet werden.

[17]) Er sagt wörtlich: „Si l'on garde de l'argent monnayé par devers soi sans l'utiliser on en perd la jouissance pendant toute la durée de l 'immobili sation. Aussi le fait-on le moins possible et, lorsque l'on prête son argent monnayé l'on a soin de réclamer en tout premier lieu à l'emprunteur l'équivalent de cette perte de jouissance sous forme d'un certain loyer qui constitue ce que l'on peut appeler l'intérêt proprement dit de l'argent.“ Notes sur le Product. et le Compt. S. 104. (9. Aufl.)

§ 15.

Zins und Gewinn.

a) Ihr Zusammenhang, Kritik von Gesells Auffassung des „Realzinses".

Hinter dem Zins als der Vergütung für die Überlassung von Kapital steht der erwartete Gewinn. Das Zinsproblem ist demnach zurückzuführen auf den Gewinn, mit dem es in ursächlicher Verknüpfung steht.

Diesen Zusammenhang übersehen die Tauschsozialisten konsequent. Proudhon gedachte durch die Tauschreform mit dem Zins das arbeitslose Einkommen überhaupt beseitigen zu können, glaubte er doch, daß der Mietzins in deren Gefolge auf die Unterhalts- und Erneuerungskosten sinken werde. Über das Problem des Gewinns dachte er nicht nach. Flürscheim dachte nicht anders, mit dem einzigen Unterschied, daß er den in der Landwirtschaft erzielten Überschuß in der Form der Grundrente mit dem Zins in Zusammenhang brachte. Solvay hingegen war sich bewußt, daß mit der Geldreform der Gewinn nicht beseitigt sei. Das lag auch gar nicht in seiner Absicht. Für den Zusammenhang des Gewinns mit dem Zins (Geldzins) hatte er hingegen kein Verständnis. (Der Ausdruck „l'intérêt de l'argent" wird von Solvay im Sinne des ausbedungenen Zinses, also des Zinses schlechthin angewandt, bedeutet also nicht nur den Zins für kurzfristige Darlehen, den man gewöhnlich mit diesem Namen bezeichnet, im Unterschied zum Zins für langfristige Darlehen, dem Kapitalzins.)

Die Meinung, der Zins sei aus der Welt zu schaffen ohne die gleichzeitige Beseitigung des Gewinns, ist ganz unhaltbar. Sieht der Produzent durch Verwendung von Kapital die Möglichkeit, sein Einkommen zu steigern, einen Gewinn zu erzielen, so wird er bereit sein, für die Überlassung von Kapital einen Teil desselben an den Kapitalbesitzer abzutreten, der ihm jenes zur Verfügung stellt. Wieviel er ihm zu überlassen gezwungen ist und ob er überhaupt bei der Konkurrenz um die ausgebotene Kapitaldisposition wird mitmachen können, darüber entscheidet eben die Höhe des Zinsfußes. Solange aber das freie Verwertungsrecht des Eigentums besteht und ein Gewinn erzielt werden kann, solange wird es auch einen Zins geben.

Gesell wird sich des Wesens des Gewinns sowenig bewußt, wie seine Vorgänger. Er begreift immerhin, und dies ist als Fortschritt zu buchen, daß trotz Tauschreform der Mietpreis der Häuser und überhaupt der Ertrag dessen, was er Realkapital nennt, nicht ohne weiteres verschwinden kann. Diesen Ertrag nennt er Realzins oder Zins der Realkapitalien, während Christen von Sachzins spricht.[1]) Der Begriff des Real- oder Sachzinses wird von unsern

[1]) Über Gesells Zinstheorie a. a. O. S. 260.

Autoren einmal im Sinne des Preises für die rohe Nutzung von dauerhaften Gütern verwandt, d. h. im Sinne des Miet- oder Pachtpreises, das andere Mal im Sinne des Preises für die reine Nutzung, d. h. abzüglich des Betrags für Kapitalerneuerung und sonstige Kosten. In letzterer Bedeutung ist der Realzins mit dem Ertrag aus dauerhaften Gütern identisch, der eine Form des Gewinns darstellt.

Es kann sich deshalb für Gesell bei der Geldreform nicht mehr um die sofortige Aufhebung des Zinses handeln. Hingegen glaubt er, daß seine Reform eine sukzessive Reduktion desselben bewirken werde, da dem Geld die Erhebung des „Urzinses" verunmöglicht werde. Hören wir Gesell selbst: „Wir sagten, daß das Geld darum Kapital ist, weil es den Warenaustausch unterbinden kann und folgerichtig müssen wir nun auch sagen können, daß, wenn wir dem Geld durch die vorgeschlagene Umgestaltung die Fähigkeit nehmen, den Warenaustausch zu unterbrechen, das Geld als Tauschmittel kein Kapital mehr sein kann, d. h. daß das Geld den Urzins nicht mehr erheben kann. Gegen diese Folgerung ist nichts einzuwenden, sie stimmt. Aber wenn man nun weiter folgern und sagen würde, da das Geld von den Waren keinen Zins mehr erheben kann, so wird man auch am Tage der Einführung des Freigeldes schon mit zinsfreien Darlehen rechnen können, so stimmt das nicht...... Bei seiner Einführung wird das Freigeld die Marktverhältnisse antreffen, die sein Vorgänger, das Gold für den Darlehenszins geschaffen hatte, und solange diese Marktverhältnisse bestehen, d. h. solange Nachfrage und Angebot auf dem Darlehensmarkt (in all seinen Formen) die Erhebung eines Zinses gestatten, wird man auch bei Freigelddarlehen Zins zahlen müssen."[2]) Dieser „Realzins" soll nun durch Angebot und Nachfrage nach Sachgütern auf dem Darlehensmarkt bestimmt werden. Es ist klar, daß auf dem Darlehensmarkt keine Sachgüter, wie Gesell meint, gehandelt werden, sondern Kapitaldisposition. Was Gesell sagen wollte, ist, daß Angebot und Nachfrage nach der Nutzung dauerhafter Güter den „Realzins" bestimmen, was ja nicht falsch ist.

Die Verbindung der Lehre vom „Realzins" mit derjenigen des „Urzinses" wird dadurch hergestellt, daß ersterer (nun in der Bedeutung des Preises für die reine Nutzung) beständig um den „Urzins" pendeln soll. „Der Urzins ist der Gleichgewichtspunkt,

---

[2]) N. W. O. S. 357. Es ist daher der von Privatdoz. Kellenberger und von Privatdoz. Hans Müller gegen Gesell erhobene Einwand, der Zins könne nicht beseitigt werden ohne die gleichzeitige Beseitigung des Kapitalprofits, nicht ganz richtig. Gesell hat zwar den Gewinn als solchen nicht erkannt, aber doch eine Form desselben, den Ertrag aus dauerhaften Gütern (vgl. Aufs. von Kellenberger in d. Zeitschr. f. schweiz. Stat. u. Volksw., 1920, Heft 1, S. 81, desgl. i. „Bund" v. 15. Mai 1919 u. Ref. v. Dr. H. Müller a. Grütlianer-Parteitag v. 26. Sept. 1920 in Zürich).

um den der Zins aller Realkapitalien schwankt."[3]) Eine Begründung für diese Behauptung gelingt Gesell nur durch Anwendung des gleichen Kunstgriffes zu geben, den wir unten schon einmal hervorheben mußten, die Verwechslung von Geld und Kapital. Für das Zustandekommen eines Hauses, einer Fabrik usw., argumentiert Gesell, bedürfe es des Geldes. Dieses werde sich aber nur dann zur Mitwirkung bereit erklären, wenn es denselben Zins erhalte, den es im Warenaustausch als Urzins erheben könne. „Kann das Geld von den Waren aufs Jahr verteilt 5% erheben, so muß auch das Haus von den Mietern, das Schiff von den Frachtgütern, die Fabrik von den Löhnen, die gleiche Abgabe erheben können, sonst bleibt das Geld einfach auf dem Markte, bei den Waren und das Haus wird nicht gebaut." „Also muß es gesetzmäßig dahin kommen, daß die Häuser, Schiffe, Fabriken, kurz das gesamte sogenannte Realkapital den gleichen Zins einträgt, den das Geld dem Warenaustausch als Urzins aufbürden kann."[4])

Der Gedankensprung vom Geld zum Kapital liegt hier offenkundig zutage. Nicht das Geld muß beim Bau von Häusern verzinst werden, sondern das Kapital, nicht vom Geld, vom materiellen Tauschmittel ist die Erstellung dauerhafter Güter abhängig, sondern vom Umfang der zur Verfügung gestellten Kapitaldisposition. Häufig kommt das Geld bei der Prestierung von Kapital überhaupt nicht oder doch nur in kleinsten Beträgen zur Verwendung, da zumeist Bankzahlungsmittel (Geldform im weiteren Sinne) hiezu gebraucht werden. Freilich aber hängt die Bautätigkeit von der Kapitalfülle ab und dem von ihr mitbestimmten Zinsfuß, was aber etwas Grundverschiedenes darstellt. Nur aus der fixen Idee heraus, daß das Geld und nichts anderes den Zins verschulde, läßt sich diese plumpe Verwechslung von Geld und Kapital, die an merkantilistische Schriftsteller gemahnt, bei Gesell verstehen. Das im Abschnitt über die Methode Gesagte erhält hier die richtige Beleuchtung.

Doch fahren wir in der Analyse von Gesells Lehre weiter. Die Aktion des Zins begehrenden Geldes erzeuge einen chronischen Mangel an „Realkapital", der den „Realzins" stets auf die Höhe des Urzinses presse. Auf die Dauer könne er nicht unter den Urzins fallen, er könne sich aber auch nicht über ihn erheben, da in diesem Falle die einsetzende Mehrproduktion von „Realkapital" ihn wieder herabdrücken werde.[5]) Damit sei dann erklärt, daß der reine Zins eine „eherne Größe" darstelle, d. h. zwischen 4 und 5% schwanke.

Wie steht es tatsächlich mit dieser „ehernen Größe" des Zinses? Schmoller entnehme ich, daß in Griechenland zur Blütezeit 12

---

[3]) N. W. O. S. 342.
[4]) N. W. O. S. 338.
[5]) N. W. O. S. 344 f.

bis 18% als Normalzins galt.[6]) In Rom stand zur Zeit der Weltherrschaft, als alle Kapitalien des Reichs in der Hauptstadt zusammenflossen, der Zins bedeutend tiefer, 50 J. v. Chr. auf 6%, unter Augustus sank er auf 4%, um unter Marc Aurel wieder auf 5 bis 6% anzusteigen. Das frühere Mittelalter war wegen des Zerfalls der Geldwirtschaft wieder eine Periode hoher Zinssätze. Bei Getreide sei ein Satz von 50% häufig vorgekommen. Nach Roscher sollen im 12.—14. Jahrhundert Lombarden und Juden meist 20% jährlich genommen haben.[7]) Philipp IV. von Frankreich setzte 1311 den Zinsfuß auf höchstens 20% fest, für die Messen der Champagne auf höchstens 15%. Die Stadt Frankfurt mußte für Anleihen im 14. Jahrhundert folgende Zinssätze zahlen: 9, 11²/₃, 13, 18 und mehr Prozent. Im 15. und 16. Jahrhundert fand nach Schmoller in Deutschland eine sukzessive Ermäßigung zufolge des zunehmenden Reichtums bis auf 5 und 6% statt, welcher Satz im Gefolge des 30jähr. Krieges wieder stieg. In Frankreich sollen nach d'Avenel bis ins 16. Jahrhundert höhere Sätze gegolten haben, als im westlichen Deutschland und in Italien, im 16. Jahrhundert sei der Zinssatz dann auf 6—6½% gesunken, um im 17. wieder bis 8% anzusteigen und dann im 18. auf 5% zu fallen.

Die ersten niederen Sätze finden wir bei den Handel treibenden Völkern, in den Niederlanden und den italienischen Städten der Renaissance, wo auch die kapitalistische Entwicklung zuerst eingesetzt hatte. Dort soll der Zinsfuß durch den größten Teil des 17. und 18. Jahrhunderts nicht über 2 bis 3% betragen haben.[8]) Um die gleiche Zeit stand er in England noch bedeutend höher, bis gegen 1700 auf 6 bis 8%, um mit dem sich entwickelnden Kapitalismus rasch zu sinken, so daß 1757 die ganze Staatsschuld auf 3% herabkonvertiert werden konnte. Während, und kurze Zeit nach den Napoleonischen Kriegen sah man wieder höhere Zinssätze, auf dem Kontinent durchschnittlich 8%. Dann sank der Zins rasch bis Mitte des 19. Jahrhunderts auf 3%, um während des Krimkrieges neuerdings zu steigen und nach nochmaligem Fallen gegen 1870 bis 5% anzuziehen. Das letzte Viertel des 19. Jahrhunderts sah tiefe Zinssätze, in den 90er Jahren 3%. Seither ist der Kapitalzins wieder kontinuierlich gestiegen, bis 1914 auf 4½% und zufolge der durch den Krieg bewirkten Kapitalknappheit auf die heute geltenden Sätze von 6 und 7%.

Wo bleibt da „die eherne Größe"?

---

[6]) Vgl. Gust. Schmoller, Grundr. d. allg. Volksw. Bd. II, S. 206ff.

[7]) Wilh. Roscher, Grundlagen der Nationalökonomie, Stuttgart 1894, S. 503.

[8]) Hch. Sieveking berichtet zu den italienischen Verhältnissen, daß die Genueser Schuld 1627 auf 4½%, 1634 auf 4%, 1635 auf 3½%, 1638 auf 3% konvertiert worden sei und man 1666 eine Schuld sogar zu 2% konsolidieren konnte (Die Casa di S. Giorgio, Volksw. Abhandl. d. Bad. Hochschulen, Freiburg 1899, S. 186).

b) Ursache und Wesen des Gewinns.

Gesell hat ganz recht, wenn er den „Zins der Realkapitalien", d. i. den Ertrag aus dauerhaften Gütern auf die Knappheit an solchen Gütern zurückführt, die Ursache dieser relativen Knappheit gilt es tatsächlich zu erforschen. Er ist aber im Unrecht, wenn er à priori annimmt, diese Ursache sei beim Geld zu suchen, das Geld erzeuge diese dem Kapitalisten günstige Marktlage.

Nur auf diese irrtümliche Meinung ist es zurückzuführen, wenn Gesell glaubt, diese Knappheit könnte durch intensive Produktion leicht behoben werden. „Ich glaube, niemand ist darüber im Zweifel, daß, wenn die Produzenten sich völlig ungehindert ins Zeug legen könnten, wenn alle Reserven an Arbeitern und Arbeitszeit herangezogen würden, das heutige Verhältnis vom Angebot zur Nachfrage bei Anleihen sich bald von 105 auf pari verschieben würde. Denn es ist ja ein wirklich lächerlich kleiner Mangel an ‚Realkapital', der dem Zins die Daseinsbedingungen bereitet."[9]) Vorläufig sei hiezu bemerkt, daß die Darstellung Gesells, als handle es sich bei einem Zinsfuß von 5% um ein Verhältnis vom Angebot zur Nachfrage von 100 zu 105 durchaus irreführend ist. Wenn der Zinsfuß auf 5% steht, so können wir nur aussagen, daß das Angebot von Kapitaldisposition gerade hinreicht, um die Nachfrage aller jener kreditwürdigen Kapitalsuchenden zu befriedigen, die mittels des ihnen zur Verfügung gestellten Kapitals einen Gewinn von mindestens 5% zu erzielen hoffen. Wie groß die Nachfrage aber bei einem Zinsfuß von 4% oder gar 3% wäre, darüber wissen wir nichts. Wohl aber wissen wir, daß ein Zins von 5% für eine Unternehmung mit großem Kapital und verhältnismäßig geringem Umsatz eine recht erhebliche Belastung darstellt, bedeutet er doch, daß dieses Unternehmen binnen 20 Jahren über die Erneuerung des Kapitals hinaus Überschüsse erzielt haben muß, die in ihrer Gesamtheit dem Kapital gleichkommen.

Drückte sich Gesell in seinem Buche etwas vorsichtiger aus,[10]) so prophezeit er neuestens, daß nach Beseitigung des „Urzinses" durch das Freigeld „der Sachzins in absehbarer Zeit (15—20 Jahren) in einem Meere neugeschaffenen Sachkapitals ersaufen soll und ersaufen wird".[11]) Diese Auffassung Gesells wurde von den Freigeldanhängern kritiklos übernommen. So äußert sich z. B. **Georg Blumenthal** dahin, sobald das Geldkapital es gestatten würde, ließe sich das gesamte „Realkapital" beliebig vermehren, bis das bestehende Mißverhältnis ausgeglichen wäre.[12])

---

[9]) Zinsfreie Darlehen, S. 55.
[10]) Vgl. N. W. O. S. 342.
[11]) Auff. Wegelins Kritik der Freigeldzinslehre, a. a. O. S. 81.
[12]) Siehe Georg Blumenthal, Die Befreiung von der Geld- und Zinsherrschaft, Berlin 1916, S. 38.

Um Klarheit in die Materie zu bringen, müssen wir uns das Wesen jener Kapitalerträgnisse klarmachen, auf die der Zins, wie ausgeführt, zurückgeht. Worin bestehen sie und woher kommen sie?

Erstere Frage ist dahin zu beantworten, daß der Ertrag oder Gewinn in einem Überschuß über die Kosten besteht und als Kosten wären hier aufzufassen Arbeitslohn und Preis der Bodennutzung. Der Gewinn besteht also seinem Wesen nach darin, daß der Produzent für den Verkauf seiner Produkte oder der von ihm vermittelten Nutzung (an dauerhaften Gütern) einen höheren Preis erzielen kann, als seine Kosten im obigen engeren, den Kapitalzins ausschließenden Sinne betrugen.

Schwieriger ist die zweite Frage zu beantworten, denn hier stoßen wir auf die divergierenden Meinungen der Nationalökonomen. Wenn wir vorurteilsfrei an die Frage herantreten, werden wir zunächst antworten, daß der höhere Preis der Produkte gegenüber den aufgewandten Kosten von der hohen Bewertung durch die Konsumenten stammt. Mit Liefmann werden wir sagen: „Ein Ertrag wird also erzielt, wenn jemand das fertige Produkt höher schätzt, als die aufgewendeten Kosten betragen.“[13]) Aber die zu entscheidende Frage bleibt die, weshalb diese höhere Bewertung der Produkte nicht durch das Ausgleichsstreben in der Volkswirtschaft auf die Kostengüter, Boden und Arbeit übergeht und für einen besonderen Gewinn keinen Raum mehr läßt. Um dieses Dilemma ist man in der nationalökonomischen Theorie lange nicht herumgekommen. Die Ausbeutungstheorie einerseits, die Agiotheorie Boehm-Bawerks andererseits entsprangen ihm. Erstere bildet keine eigentliche Erklärung dieser Differenz, sondern nur eine Umschreibung der Tatsache, daß der Preis der Produkte höher steht als der Preis der Arbeit, die sie erzeugte. Letzterer, welche die fragliche Wertdifferenz auf die verschiedene Wertschätzung gegenwärtiger und zukünftiger Güter zurückführen wollte,[14]) muß entgegengehalten werden, daß die höhere Bewertung der genußreifen Güter, gegenüber den erst in Zukunft reifenden Gütern, häufig ausbleibt. Es kommt oft vor, daß der Marktpreis der Produkte oder Nutzungen unter die Kosten zu stehen kommt, die Produktion ist wirtschaftlich mißglückt, mag sie technisch noch so gelungen sein. Es kann sich demnach nicht um eine „systematische höhere Bewertung“ handeln, sondern es gilt zu untersuchen, welche Bedingungen erfüllt sein müssen, damit jene Wertdifferenz auftritt.

---

[13]) Rob. Liefmann, Ertrag und Einkommen auf der Grundlage einer rein subjektiven Wertlehre, Jena 1907, S. 6.

[14]) Zu den drei von Boehm-Bawerk namhaft gemachten Gründen, welche die Höherschätzung der gegenwärtigen gegenüber den zukünftigen Gütern bewirken sollen, vgl. die Zürcher Diss. Dr. Art. Tirazian zur Kritik der Boehm-Bawerkschen Kapitaltheorie, Innsbruck 1920.

Die fragliche Bedingung besteht in der verhältnismäßigen Knappheit der erzeugten Güter zum Bedarf. Ist der Bedarf in einem bestimmten Produkt groß und die Versorgung noch ungenügend, so wird sich der Preis dieser Güter höherstellen, ohne daß vorerst derjenige der Kostengüter ebenfalls steigt. Er wird es erst dann tun, wenn zufolge der Gewinne neue Unternehmer sich dem betreffenden Produktionszweig zuwenden und eine vermehrte Nachfrage nach den benötigten Kostengütern Platz greift. In einer fingierten statischen Wirtschaft, in der voraussetzungsgemäß die angebotenen Güterquantitäten mit der Nachfrage genau übereinstimmten und auf keiner Seite irgendwelche Veränderungen vorgingen, könnte es keine Gewinne geben.[15]) Anders in einer sich entwickelnden Wirtschaft, wo sie eine regelmäßige, stets aufs neue wiederkehrende Erscheinung bilden. Mannigfache Umstände tragen hier zur Verallgemeinerung der Gewinnerscheinung bei, technische Neuerungen, die entweder alte Produktionsmethoden ersetzen oder aber einem neu aufkommenden Bedarf begegnen, regelmäßige Zunahme des Bedarfs zufolge der Bevölkerungs- und Reichtumsvermehrung und häufige Bedarfsverschiebungen.[16])

Die von der Grenzwertschule aufgestellte Lehre von der notwendigen Übereinstimmung des Wertes der Güter höherer Ordnung mit jenem der Produktwerte, von dem sie ihn ableiten sollen,

---

[15]) Die Frage, ob es in einer fiktiven Wirtschaftsstatik Zins geben könne, scheint mir dahin beantwortet werden zu müssen, daß allerdings Abmachnugen zwischen den einzelnen Wirtschaftssubjekten denkbar wären, die einen Zinsanspruch begründen. Doch ist das Problem hier ein anderes. Es gingen Güterquantitäten von der Hand des einen Wirtschaftssubjekts in diejenige eines andern, wogegen sich der andere über die spätere Rückerstattung derselben hinaus, noch zur Lieferung weiterer Güterquantitäten aus seinem Verbrauchsvermögen verpflichtete. Es handelte sich hier um einen Konsumtivzins, der aber, was wohl zu bemerken ist, den statischen Gleichgewichtszustand nur dann unberührt ließe, wenn durch solche Abmachungen die Zusammensetzung der Nachfrage nicht tangiert würde. Wir sehen, der Zins wird hier zu einer rein rechtlichen Kategorie, die Frage der Herkunft des Überschusses hingegen, das wirtschaftstheoretische Zinsproblem, fiele mit dem Überschuß selbst dahin (siehe hierüber auch Anm. 17 auf S. 99).

[16]) Jos. Schumpeter ist es, der in seiner „Theorie der wirtschaftlichen Entwicklung“, Leipzig 1912, erstmals jene Wertdifferenz, die Boehm-Bawerk irreführend als ursprünglichen Kapitalzins bezeichnete und die ja tatsächlich gar nicht immer vorhanden ist, mit dem Unternehmergewinn in Zusammenhang brachte und aus der Entwicklung ableitete. Wichtige Beiträge hat diese Lehre durch Rob. Liefmann empfangen, der den Ertragsbegriff überhaupt in den Mittelpunkt der Preis- und Einkommenslehre stellt. Er unterscheidet Arbeits- oder Leistungserträge von den Besitz- oder Kapitalerträgen. Aus diesen leitet er dann die bedungenen Einkommen, bei den Arbeitserträgen den Lohn, bei den Kapitalerträgen den Zins ab (Grundf. d. Volkswirtschaftslehre, Bd. II, S. 444 ff.). Mit Recht betont Liefmann, daß die Erträge nicht ursächlich auf die Produktionsfaktoren zu-

stimmt eben nur für eine statische Wirtschaft. Sie mag als Arbeitshypothese gute Dienste leisten, der Wirklichkeit entspricht sie nicht.

Aus diesen der Entwicklung und Bedarfsveränderungen entstammenden Gewinnen läßt sich aber der Zins als scheinbar aus dem Kapital fließendes Reineinkommen ohne Schwierigkeit erklären. Es ist die Ausnutzung dieser mannigfachen Gewinnmöglichkeiten an die Verfügung über Kapital gebunden. Daraus entsteht eine beständige von den Gewinnmöglichkeiten abhängige Nachfrage nach Kapitaldisposition. Die Entstehung neuer Kapitaldisposition (ich sage ausdrücklich nicht diejenige neuen Kapitals, da sich dieses auch durch Wertzuwachs vermehren kann) ist aber von der Art der Einkommensverwendung zu Konsum- oder Anlagezwecken abhängig. Die Nachfrage kann in der freien Verkehrswirtschaft nur dadurch mit dieser begrenzt vorhandenen Kapitaldisposition in Einklang gebracht werden, daß dem Preisgesetz gemäß ein hinlänglich hoher Preis auf die Benutzung desselben gesetzt wird. Dadurch wird das Kapital zu einem Kostenfaktor. Alle jene Verwendungsarten müssen durch einen entsprechenden Zins ausgeschlossen werden, für welche die vorhandene Kapitaldisposition nicht mehr reicht und die nur einen niedrigeren Ertrag abzuwerfen versprechen.

Da sich neue Kapitaldisposition nur jenen Verwendungsarten zuwendet, welche die höchsten Erträge abwerfen, so wird sie sich der Erzeugung dauerhafter Güter nur dann zur Verfügung stellen, wenn der bei Vermietung zu erzielende Reinertrag dem allgemeinen Zinssatz für sichere langfristige Anlagen entspricht. Auf diese Weise ist der „Realzins" Gesells mit den übrigen Erträgen verknüpft. Wir können aber noch weitergehen, indem wir sagen, die Möglichkeit, aus den natürlichen Bewertungsunterschieden Gewinn zu ziehen, rufe eine Verallgemeinerung der Ertrags- und damit der Zinserscheinung hervor. Da sich Kapitaldisposition irgendwelchen Erwerbszwecken nur dann zur Verfügung stellt, wenn sie den durchschnittlichen Zins plus eventueller Risikoprämie erhält, wird denjenigen Erwerbszweigen, in denen kein außerordentlicher Gewinn erzielt wird, Kapitaldisposition solange vorenthalten, bis zufolge der entstandenen Knappheit an solchen Produkten im Verhältnis zum Bedarf jene höhere Bewertung ein-

rückgingen, sondern von den Nutzenschätzungen der Konsumenten abhingen. Was er jedoch nicht erklärt, ist die Tatsache, daß sich die mit Hilfe von Kapital erzielten Grenzerträge nicht auf null ausgleichen und dadurch keinen Raum für ein dauerndes Reineinkommen mehr lassen. Und doch müßte das Ertragsstreben zu einem solchen Ausgleich führen, wenn nicht stets neue Möglchkeiiten auftauchten. Diese Lücke füllt Schumpeter durch seine Theorie der Entwicklung aus.

getreten ist, welche dem Zins Raum läßt.[17]) Es kann aber auch umgekehrt vorkommen, daß der Bedarf an Produkten bestimmter Gattung nachläßt und Anlagen, die früher Ertrag abwarfen, diesen Ertrag nicht mehr erzielen und, wenn sie mit entliehenem Kapital arbeiten, den Zins nicht mehr entrichten können. Kann das Kapital nicht rechtzeitig zurückgezogen werden, was selten der Fall, so wird es eben entwertet.

Es dürfte uns nun klar sein, weshalb die Erstellung von Bauten und andern dauerhaften Gütern begrenzt ist. Ganz abgesehen von dem Umstand, daß sich Kapital zu ihrer Erzeugung nur im Falle der Erzielung des durchschnittlichen Ertrags zur Verfügung stellt, daß also alle übrigen, einer höheren Bewertung entsprungenen Gewinnmöglichkeiten die Bautätigkeit einschränken, erscheint eine derartige Vermehrung dauerhafter Güter, die ihren Ertrag zum Verschwinden brächte, schon an sich ausgeschlossen.

---

[17]) Die Höhe des Zinses ist demnach vom Umfang der zum Angebot gelangenden Kapitaldisposition einerseits, der Zahl und Größe der aus den genannten Quellen fließenden Gewinnmöglichkeiten anderseits abhängig. Daraus entsteht die Frage, ob im Falle der Unveränderlichkeit des Bedarfs und damit der Nachfrage, sowie der Erschöpfung neuer technischer Möglichkeiten, der Zins auf null sinken könne. Mattfeldt sucht die natürliche Begrenzung der Kapitalneubildung und dadurch den statischen Charakter des Zinses als Seltenheitsrente oder „als Entgelt für einen potentiellen, unter normalen Verhältnissen zu erzielenden Ertrag kostender und deshalb beschränkt vorhandener Kapitalgüter" nachzuweisen (P. J. Proudhons Theorie des Kapitals, S. 83). In der privatwirtschaftlichen Rentabilität des zuletzt angelegten „Kapitalteilchens" für sich betrachtet liege eine Grenze für die Kapitalneubildung, da neue „Kapitalgüter" nur solange erstellt würden, als sie zur Erhöhung des absoluten Ertrags beitragen ansonst ja kein Interesse der privaten Unternehmungen an Kapitalaufwendungen mehr bestehe. Sei das Optimum an privatwirtschaftlichem Reinertrag bei stationären Verhältnissen erreicht, so höre die Kapitalneubildung auf.

Ich vermag dieser Argumentation nicht beizupflichten. Mattfeldt geht voraussetzungsweise (S. 81) von einem monopolistischen Unternehmen aus und dehnt das für ein solches Unternehmen gültige Resultat auf die Volkswirtschaft als Ganzes aus. Hier ist aber für die Kapitalbildung nicht die privatwirtschaftliche Rentabilität weiterer Kapitalaufnahme durch die bestehenden Unternehmen maßgebend, sondern die Frage, ob überhaupt irgendwo noch ein Ertrag erzielt werden kann. In dem von Mattfeldt angenommenen Fall wäre diese Möglichkeit noch vorhanden. So lange dies aber der Fall ist, d. h. das volkswirtschaftliche Optimum noch nicht erreicht wurde, werden die Anlage suchenden Ersparnisse in neu zur Entstehung gelangenden Betrieben investiert, bis der Ertrag, abgesehen von Vorzugsrenten, auf null gesunken ist. Da der Zins aber nicht von diesen, sondern von dem letzten wirtschaftlich zulässigen Ertrag abhängt, wäre erwiesen, daß die Kapitalbildung erst aufhört, wenn der Zins auf null steht. Vorher können wir aber von einer statischen Wirtschaft nicht sprechen. In einer solchen kann es demnach nur Konsumtivzins in oben umschriebener Weise geben. Muß also die theoretische Möglichkeit eines Sinkens des Zinses auf null zugegeben werden, so ist sie praktisch nicht vorhanden, weil die Voraussetzungen, gleichbleibender Bedarf und Erschöpfung aller technischer und wirtschaftlicher Möglichkeiten wohl niemals gegeben sein werden.

Gerade der regelmäßige neue Bedarf an solchen Gütern stellt eine der stärksten Quellen der Kapitalnachfrage dar. Um ein dauerhaftes Gut, z. B. ein Haus erstellen oder kaufen zu können, muß ich heute die Kostenaufwendung machen, während das Gut erst im Laufe von kürzerer oder längerer Zeit seine Dienste abgibt. „Das Warten auf die Dienste eines dauerhaften Gutes erfordert also eine gewisse Kapitaldisposition", so charakterisiert Cassel das hier liegende Problem.[18]) Daher können dauerhafte Güter nur in dem Maße erzeugt werden, als die Kapitaldisposition reicht. Diese ist aber, wie beretis ausgeführt, durch den Umfang der Ersparnisse, m. a. W. der Nichtverwendung von Einkommen zu Konsumzwecken begrenzt.

Wenn Gesell als Beweis für die Möglichkeit des Verschwindens des „Zinses der Realkapitalien" die gewaltige, moderne Produktivkraft anführt,[19]) welche durch die Technik unermeßlich gesteigert sei und die es nur gelte, in volle Aktion treten zu lassen, um das Manko an „Realkapital" aufzufüllen, so übersieht er, daß ja gerade die technischen Möglichkeiten das dauernde Sinken des Zinsfußes verhindern. Ihre Ausschöpfung involviert nämlich in den meisten Fällen eine Verlängerung des Produktionsumwegs in dem von Boehm-Bawerk umschriebenen Sinne.[20]) Die Mehrergiebigkeit muß durch einen Aufschub des Nutzeffekts erkauft werden, da sie die Erstellung neuer Mittelsgüter voraussetzt. Dies erfordert aber eine neue Bindung von Kapital. Da die technischen Möglichkeiten unbegrenzt sind oder anders ausgedrückt, da es „keinen einzigen

---

[18]) Siehe G. Cassel, Theoret. Sozialökon. S. 167.

[19]) Vgl. Zinsfreie Darlehen, a. a. O. S. 51 ff. Gesell führt dort drei Gründe an, die für ein Sinken und schließliches gänzliches Dahinfallen des Zinses sprechen sollen: 1. die gewaltige moderne Produktivkraft, 2. der Sparsinn des Spießbürgers und 3. die Erleichterung des Sparens durch die Beseitigung des Zinses. — Zum ersten Grund verweist Gesell auf die Technik. Die obigen Ausführungen legen die Hinfälligkeit desselben dar. Zu 2. bemerkt er, der Kapitalist sei gezwungen, um seine Zukunft sicher zu stellen, desto mehr zu sparen, je geringer der Zins sei, welcher Behauptung wir übrigens auch bei Flürschheim begegnen (Not aus Überfluß, S. 222). Punkt 3 wird damit begründet, daß dem Sinken des Zinses parallel eine Erhöhung der Löhne gehe, welche die Arbeiter in den Stand setze um so mehr zu sparen.

Dem möchte ich nur entgegenhalten, was Gesell selbst bei anderer Gelegenheit ausführt. Er findet nämlich (N. W. O. S. 345), die Kapitalisten würden regelmäßig die aus einer Erhöhung des Zinses fließenden Mehreinnahmen zu neuen Kapitalanlagen verwenden, während die Arbeiter eine Erhöhung der Löhne zum größten Teil für dringlichere Bedürfnisse verwenden müßten. Daraus schließt er, daß eine Erhöhung des Zinses die Kapitalbildung beschleunige und dadurch wieder auf den Zinssatz zurückwirke. Diese Beobachtung ist zweifellos richtig, wenn keine anderen Umstände entgegenwirken. Sie besagt aber genau das Gegenteil dessen, was Gesell hier und auch in seinem Buch, 2 Seiten später (S. 347) behauptet.

[20]) Boehm-Bawerk, Positive Theorie des Kapitals (2. Bd. v. Kapital u. Kapitalzins), S. 15 ff.

Produktionszweig gibt, dessen Erträgnis gegenüber der heute üblichen Produktionsmethode nicht auf diese Art (durch Einschlagung neuer Produktionsumwege) erheblich gesteigert werden könnte",[21]) so ist auch die Nachfrage nach Kapital praktisch unbegrenzt. Jedes Sinken des Zinsfußes macht neue Produktionsumwege möglich und gestattet gleichzeitig die Erzeugung neuer, dauerhafter Gebrauchsgüter. Gesell selbst weist zu Beginn seines Buches auf die unzähligen Möglichkeiten hin, welche ein Sinken des Zinsfußes eröffnen würden. Da er es in seiner Zinstheorie vergißt und annimmt, ein geringes Mehr von „Realkapital" genüge, um den Zins auf null zu drücken, sei ihm ins Gedächtnis zurückgerufen, was er dort schrieb: „Fiele der Zinsfuß von 4 auf 1%, so würden gleich eine Menge von Bodenverbesserungen einträglich, die man heute nicht unternehmen kann.... Kurz, zu 1% würde alles Ödland, würden die großen Wasserflächen mit Gewinn in gepflegten Boden verwandelt werden können. Ein Sinken des Zinsfußes würde aber nicht allein die Anbaufläche vergrößern, sondern es auch ermöglichen, von der bereits vorhandenen Ackerfläche durch ausgedehnteren Gebrauch der Maschinen, durch Anlage von Wegen,.....Anlage von Pumpstationen für Bewässerung trockener Wiesen, Tiefgraben des Bodens, Anlage von Obstgärten, Frostschutzvorrichtungen und tausend andere Verbesserungen dem Boden doppelte und dreifache Erträge abzugewinnen......"[22]) Weshalb soll nicht dasselbe auch für die Industrie Geltung haben? Die Arbeitskraft ist aber begrenzt und muß in erster Linie der Fürsorge für die unmittelbare Bedürfnisbefriedigung gewidmet bleiben. Welcher Teil der Arbeitskraft auf die Erstellung neuer, dauerhafter Anlagen verwendet werden kann, darüber entscheiden in letzter Linie die Konsumenten durch die Verwendung ihres Einkommens zu Konsumzwecken oder zur Bereitstellung neuer Kapitaldisposition. Es liegt also nicht im Belieben einer Volkswirtschaft, dauerhafte Güter zu erstellen, dessen müssen wir uns klar bewußt sein, um die Funktion des Zinses zur Regelung der Produktion in einer individualistischen Wirtschaftsordnung zu verstehen. Aber auch in einer sozialistischen Ordnung, solange die freie Einkommensverwendung weiterbesteht und die Leitung der Produktion dadurch gezwungen bleibt, die Preise der Güter in Einklang mit dem Bedarf zu regeln, könnte die Nutzung der dauerhaften Güter nicht gratis verabfolgt werden. Auch in diesem Fall müßte, je nach dem Fortschritt der Kapitalbildung und im Einklang mit dem Prinzip der Knappheit ein Preis für sie veranschlagt werden. Der Zins allerdings als bedungenes Einkommen würde, da der private Kapitalbesitz und das private Ertragsstreben nicht mehr bestünden, aufgehoben sein.

[21]) Boehm-Bawerk, a. a. O. S. 153.
[22]) N. W. O. S. 45f.

Wenn aber der Zins in der Produktion begründet ist, so sind alle Versuche, ihn durch Eingriffe in die Zirkulation zu bekämpfen, wirkungslos. Alle tauschsozialistischen Vorschläge sind daher gleichermaßen ungeeignet, ihr Ziel zu erreichen, ja sie sind gefährlich, weil sie eine Zerrüttung des Geldwesens bewirken. Dies gilt in erster Linie von den älteren Vorschlägen. „Freigeld" ist harmloser, weil nicht notwendigerweise mit einer Inflation verbunden. Immerhin könnte eine solche dann entstehen, wenn das Publikum, wie zu erwarten, die Bankzahlungsmittel oder auch privates Geld vorzöge und man versuchen wollte, ihm das Freigeld aufzuzwingen. Jedenfalls wäre der Schaden, der durch Diskreditierung der staatlichen Geldpolitik entstünde, nicht unbedeutend.

V. Kapitel.

Kritik der Freigeld-Krisenlehre.

Die Beobachtung gewisser Krisenerscheinungen scheint Gesell den Ausgangspunkt für seine Konstruktion abgegeben zu haben. Deshalb ist es wohl angebracht, kurz auf seine Krisenlehre einzugehen. Im Rahmen dieser Arbeit kann es sich nur um einige allgemeine Bemerkungen handeln, nicht aber um ein näheres Eintreten auf den hier behandelten, sehr komplexen Gegenstand selbst. Hingegen wollen wir einen kurzen Rückblick auf die Krisenlehre der tauschsozialistischen Vorgänger Gesells werfen, die im dogmengeschichtlichen Teil zu kurz kam.

§ 16.

Darstellung der Krisenlehre Gesells und seiner tauschsozialistischen Vorgänger.

Da die Tauschsozialisten ihr Augenmerk einseitig auf den Güteraustausch gerichtet haben, ist es keineswegs überraschend, daß sie die Ursache der Krisen entweder in Störungen und Unvollkommenheiten der Zirkulation erblicken, oder auch in der Art der Einkommensverteilung, nie aber in Momenten der Produktion und ihrem Verhältnis zum gesellschaftlichen Bedarf.

Owen führte die Störung des Gleichgewichts von Produktion und Konsumtion auf die Entwertung der Arbeit im Verhältnis zu den erzeugten Waren zurück. Die Ursache dieser Entwertung aber sieht er in unserem Tauschsystem und insbesondere im Gelde. Das Metallgeld verursacht, ihm zufolge, die Krisen in zweierlei Weise. Einmal seien sie die Folge von Inflationen und Kontraktionen des Zirkulationsinstrumentes. Das in beschränkter Menge vorhandene und in wenigen Händen monopolisierte Metallgeld sei unfähig, dem Fortschritt der Produktion zu folgen und sich den Fluktuationen des Wirtschaftslebens anzupassen.[1]) Ferner sei es ein schlechter Wertmesser und verursache durch die kapitalistischen Abzüge das Herabdrücken der Kaufkraft der Arbeiterschaft.[2]) Neben dieser mit seinen tauschsozialistischen Ideen zusammenhängenden Krisenlehre soll Owen auch die Entwertung der Arbeitskraft auf die Verwendung von Maschinen zurückgeführt haben.[3])

Ähnlich wie Owen hält auch Proudhon den Abzug vom Arbeitsertrag für die Ursache der Krisen, da dieser Abzug den Arbeitern verunmögliche, ihr eigenes Produkt zurückzukaufen. Wie wir oben gesehen haben, macht auch er das Geld, im besonderen das Gold, für diesen Abzug verantwortlich. Proudhon hatte bereits in der ersten Eigentumsschrift nachzuweisen versucht, daß der Abzug vom Arbeitsertrag mit innerer Notwendigkeit zu Krisen führen müsse,[4]) und suchte dann im Vorwort zum Projekt der Tauschbank diesen Gedanken näher zu begründen. Er nimmt dort an, die Gesellschaft bestehe aus zwei Klassen, A dem Eigentümer und B, C, D den Arbeitern. Da die Rückverwandlung der erzeugten Ware in Geld einen Gewinn von annahmsweise 10% bedinge, A aber seine Produkte an niemand sonst, als an B, C, D verkaufen könne, so entstehe folgendes Dilemma. Entweder die Arbeiter müßten Schulden machen, um ihr ganzes Produkt zurückkaufen zu können (während sie annahmsweise 1000 Fr. an Lohn erhielten, müßten sie ihr Produkt zu 1100 Fr. zurückkaufen), oder aber die Unternehmer willigten wegen der Zahlungsunfähigkeit der Arbeiter in eine Preisermäßigung ein. Im ersten Fall müßten die Arbeiter, um ihre Schulden bezahlen zu können, jedes 7. Jahr umsonst arbeiten, wodurch sie den Ruin der Unternehmer, deren Produkt nun liegen bliebe, herbeiführten. Im zweiten Fall seien die Unternehmer außerstande, ihre Verpflichtungen zu erfüllen.[5])

Proudhon hat bei seiner Darlegung vergessen, den Konsum der Zins- und Rentenempfänger in Rechnung zu stellen. Einerseits betrachtet er Zins und Rente für den Unternehmer als Kosten, anderseits läßt er sie auf der Nachfrageseite außer Betracht. Da-

---

[1]) Siehe Ed. Dolléans, Robert Owen, S. 272 f.

[2]) Siehe oben S. 4.

[3]) Vgl. E. v. Bergmann, Geschichte der nationalökonomischen Krisentheorien, Stuttgart 1895, Nachtrag (S. 436).

[4]) „Qu'est-ce que la Propriété?" S. 144 ff. Proudhon untersucht dort die Wirkung der Rente auf die Produzenten. Wenn der Arbeiter $^1/_{10}$ seines Arbeitsertrags als Rente abgeben müsse, so suche er dafür seine Produktion um $^1/_{10}$ zu steigern, wodurch der zehnte Teil der Arbeiter brotlos würde. Die Rente bewirke also, daß der Produzent sein Produkt nicht zurückkaufen könne. Da sich alle in dieser Lage befänden, entstehe eine allgemeine Verwirrung, was Proudhon an Beispielen zu zeigen sucht. Er gelangt zum Schluß: **„Pour que le producteur vive, il faut que son salaire puisse racheter son produit.'** (S. 162.)

[5]) „Résumé de la question sociale", S. 14 ff.

durch wird seine Rechnung falsch. Irgendwie wirkt der Gewinn wieder als Nachfrage, zum Teil für den Konsum der Kapitalisten, zum Teil (wenn kapitalisiert) für den Bau neuer Produktionsanlagen, dauerhafter Güter und als Lohn der Arbeiter.

Ein weiterer, aber unausgeführt gebliebener Ansatz zu einer Krisenlehre ist auch in Proudhons Theorie der „Antinomie der Werte" enthalten, indem die Vermehrung der Gebrauchswerte die Tauschwerte herabdrücken soll.[6])

Rodbertus, der bedeutendste Vertreter der alten Unterkonsumtionslehre, sieht ebenfalls im ungenügenden Einkommen der arbeitenden Klassen die Ursache für die regelmäßig auftretenden Absatzstockungen und Entwertungen der Warenlager.[7]) Bei ihm ist es hauptsächlich der Umstand, daß bei der erhöhten Produktivität der Arbeit der Anteil der arbeitenden Klassen am Nationalprodukt stets kleiner werde, der die Krisen bewirke. Die Ursache für diese Gestaltung der Einkommensverhältnisse sucht er aber nicht im Geldwesen, sondern, das Problem schärfer fassend als Proudhon, in der Eigentums- und Rechtsordnung. Das Privateigentum an Boden und Kapital bei gleichzeitiger Verkehrsfreiheit führe dazu, daß die besitzlosen Arbeiter, die ihre einzige Ware, die Arbeit, zu jeder Bedingung losschlagen müßten, von den Eigentümern der beiden andern Produktionsfaktoren abhängig seien, weshalb ihr Einkommen den notwendigen Lebensunterhalt niemals übersteige.

Auch Mich. Flürscheim gibt, hauptsächlich im Anschluß an Henry George, der Art der Verteilung des Nationaleinkommens die Schuld an den Wirtschaftskrisen. Er betrachtet aber nicht mehr das ganze, auf Kosten der Arbeiter bezogene arbeitslose Einkommen als die Ursache der Gleichgewichtsstörungen zwischen Produktion und Konsumtion, sondern nur noch den Minderverbrauch der Reichen, also das ersparte und kapitalisierte Einkommen. Dieses verschuldet nach Flürscheim das Zurückweichen der Nachfrage hinter das Angebot.[8]) Er übersieht dabei, daß die kapitalisierten Einkommensquoten, indem sie als Kapitaldisposition den Unternehmern zur Verfügung gestellt werden, der Beschaffung von Produktionsmitteln und Rohstoffen, der Entlöhnung der Arbeiter dienen, also so gut Nachfrage werden, als das konsumierte Einkommen.

---

[6]) Siehe oben S. 10.

[7]) Vgl. Zweiter sozialer Brief an v. Kirchmann (Schriften v. R. J. herausg. v. M. Wirth, Berlin 1899, Bd. II S. 37ff. u. 88ff.).

[8]) Er muß daher auch den Luxusverbrauch der Reichen für produktiv ansehen. „Wenn sie (die Reichen) ihre Einkommen verbrauchten, wäre die Welt besser daran. Es ist gerade deshalb, weil sie einen guten Teil ihres Guthabens aufsparen, daß die Arbeiter keine Beschäftigung finden können" (Not aus Überfluß, S. 216). Die gleiche Auffassung war von den Merkantilisten vertreten und von den Klassikern mit Recht bekämpft worden.

An anderer Stelle erklärt er nur einen bestimmten Teil des ersparten Einkommens für schuldig, und zwar jenen Teil, der, statt Anlage in Produktivgütern zu finden, in Werten angelegt werde, „welche kein Arbeitsprodukt seien, sondern nur kapitalisierte Tributheischungsrechte, resp. der Marktwert von solchen“.[9]) Darunter versteht er Grund und Boden, Grund- und Staatsschulden. Die zum Ankauf solcher Werte verausgabten Summen bilden allerdings keine unmittelbare Nachfrage nach Produkten und Arbeit, wohl aber werden sie zu einer solchen Nachfrage in den Händen der Bodenverkäufer, der Anleihensnehmer und Grundschuldner, die diese Summen unmittelbar oder mittelbar wieder verausgaben. Ebenso unhaltbar ist Flürscheims Lehre, daß die Zinsen- und Tributansprüche der Besitzenden die Kaufkraft der Massen immer mehr hinter der Gütererzeugungsfähigkeit zurückbleiben ließen und daß hierin ein krisenverursachender Umstand liege.

Weiter hebt Flürscheim als Krisenursache unser Geldwesen hervor, genauer die Knappheit der als Geld dienenden Waren (Gold und Silber) im Vergleich zur Gesamtheit der Produktion und zum gewaltigen, auf der Geldbasis errichteten Kreditbau.[10]) Wir werden unten noch kurz darauf zurückkommen.

Silvio Gesell hat sein Augenmerk allein auf das Zirkulationsmedium gerichtet. Die Unterkonsumtionstheorie seiner Vorgänger finden wir daher von ihm nicht mehr vertreten.

Auf zwei verschiedene Ursachenkomplexe führt er die Krisen zurück, einmal auf die Möglichkeit, das Geld zurückzuhalten, dadurch die Nachfrage ins Stocken zu bringen, den Absatz zu verhindern und Arbeitslosigkeit zu erzeugen und sodann auf die Geldpolitik im engeren Sinne und die Verwendbarkeit des Edelmetalls zu anderen Zwecken (Schmuck).

Die erste Lehre kennen wir bereits aus unseren Darlegungen im ersten Teil. Hier mag noch nachgeholt werden, daß Gesell aus dem Titel der Überlegenheit des Geldes zwei Krisenursachen kennt. Die eine besteht im Rückgang der Preise oder der Erwartung eines solchen Rückgangs aus dem einen oder anderen Grunde. Dann werde der Geldbesitz dem Warenbesitz vorgezogen, das Geld dem Verkehr vorenthalten. „Das Geld zieht sich tatsächlich vom Markte zurück, der Umlauf des Geldes ist unmöglich, rechnerisch unmöglich, sobald das Angebot des Geldes ungenügend ist und ein Rückgang der Warenpreise eintritt oder erwartet wird.“[11]) Das verminderte Geldangebot müsse dann einen Preisrückgang zur Folge haben.

---

[9]) In Schweiz. Blätter f. Wirtschaft- u. Sozialpolitik, 3. Jahrg. 1895 Nr. 15.

[10]) Not aus Überfluß, S. 112 f., 121 ff. u. 161.

[11]) N. W. O. S. 182, ähnlich äußert sich Gesell schon in seiner, 1897 in Buenos Aires erschienenen Schrift: Die Anpassung des Geldes und seiner Verwaltung an die Bedürfnisse des modernen Verkehrs, S. 147 f.

Als krisenverschärfender Umstand komme hinzu, daß gerade in jenem Augenblick, da das Angebot von Geld an sich schon zurückgehe, die Nachfrage nach Geld um einen Teil jener Umsätze wachse, die früher auf dem Kreditweg vollzogen worden seien. Steigen die Preise, d. h. ist die Nachfrage größer als das Angebot, so kommt der Kredit herbeigeeilt, entzieht dem Geld einen Teil der Waren und treibt die Preise noch höher. Fallen aber die Preise, so zieht sich der Kredit zurück, die Waren fallen auf das Bargeld zurück und drücken die Preise noch weiter hinunter."[12])

Der zweite Umstand, durch den die Überlegenheit des Geldes Krisen verursache, steht in enger Beziehung zu Gesells Zinstheorie. Er liegt in der vermeintlichen Möglichkeit, einen Urzins unter allen Umständen erpressen zu können. Werfe das „Realkapital" nicht denselben Zins ab, so werde dessen Erzeugung eben unterbrochen. „Fällt der Zins der Realkapitalien infolge der neuen Anlage unter das herkömmliche Maß, so wird kein Geld mehr für solche Anlagen hergegeben, kein Zins, kein Geld."[13])

Die von Staats- und Emissionsbank betriebene Geldpolitik soll aus mehreren Gründen Krisen veranlassen oder solche befördern. Sie führen alle letzten Endes auf die Verwendung des Goldes als Geld zurück. Das Gold soll Krisen herbeiführen, einmal „weil die Produktionsverhältnisse desselben eine willkürliche Anpassung des Geldangebots (Nachfrage) an die Warenerzeugung (Angebot) nicht erlauben".[14]) Krise bedeutet für Gesell fallende Preise, Hausse steigende Preise. Gelänge es, die Preise stabil zu erhalten, so würde die Volkswirtschaft zwischen Hausse und Baisse hindurchgesteuert. Gesell ist der Auffassung, daß dies durch Anpassung des Geldangebots an die Geldnachfrage, d. h. durch Mehrausgabe oder Einzug von Geld möglich sei, besonders dann, wenn durch Einführung des Freigeldes dafür gesorgt sei, daß das Geld stets mit gleicher Geschwindigkeit zirkuliere. Das Gold werde gefunden. Wieviel neues Gold auf den Markt gebracht werde und in Zirkulation trete, das sei von Zufälligkeiten abhängig.[15]) Das Geldangebot könne somit im Falle der Goldwährung nicht der Marktlage angepaßt werden. E. Frankfurth spricht von Goldzufall als Emittenten.[16]) Neue Goldfunde erzeugen eine Hausse, Gold-

[12]) N. W. O. S. 184.

[13]) N. W. O. S. 189. Siehe auch Aufs. Sparsamkeit und Arbeitslosigkeit, Nr. 1 u. 2 d. 2. Jahrg. „Die Geldreform".

[14]) N. W. O. S. 193.

[15]) Bereits in seiner Schrift: Anpassung des Geldes usw. schrieb Gesell: „Der Bedarf an Geld allein und nicht die Goldgräber haben zu bestimmen, wieviel Geld der Staat fabrizieren und in Umlauf setzen soll. Der Bedarf an Geld allein hat zu bestimmen, ob der Geldbestand vermehrt oder vermindert werden soll und das Material zum Gelde muß daher dem Staate in unbeschränktem Maße zur Verfügung stehen" (S. 83).

[16]) E. Frankfurth, Geldbriefe vom Silberstrom, S. 65.

entzug zufolge des Übergangs neuer Länder zur Goldwährung oder wegen Einschmelzens der Münzen dagegen eine Baisse.[17])

Ein weiterer Krisengrund liegt nach Gesell in der Notenpolitik der zentralen Banken. Diese versuchten, den Zins durch Mehrausgabe von Noten nieder oder doch stabil zu halten. Je mehr Noten sie aber ausgeben, um so mehr steigen die Preise. Die bewirkte Hausse rufe neuem, privatwirtschaftlichem Geldbedarf und die Bank werde aus diesem Grund mit Kreditbegehren bestürmt. „Die Emmissionsbank kann also den Geldhunger mit ihren Noten nur reizen und wecken, niemals kann sie ihn stillen", sagt Gesell.[18]) Sei dann aber die Emmissionsgrenze erreicht, so müßten die Banken die Diskontierungen und mit ihnen die Notenemmission einstellen. „Ist es aber aus mit den Emmissionen, so ist es auch aus mit der Nachfrage auf den Märkten, aus mit den Differenzen à la hausse, aus mit der Kauflust, aus mit dem privatwirtschaftlichen Geldhunger."[19]) Die Preise werden dann nicht etwa stabil bleiben, sondern in die entgegengesetzte Bewegung umschlagen, denn dann werde der erste Grund wirksam, die Vorzüglichkeit des Geldes und die davon abgeleitete Eignung zum Thesaurierungsmittel. Dazu komme, daß die, durch Notenemmission veranlaßte Hausse im Laufe der Zeit auch einen Mehrbedarf von kleinen Münzen bewirke, die Noten also zur Bank zurückfließen, um in kleine Münze gewechselt zu werden. Da nun der Barschatz der Bank geschmälert werde, müsse sie Noten einziehen, die Baisse sei da.[20])

Das Gold dient aber auch als Rohstoff für die Luxusindustrien. Der während der Hausse eingetretene gesteigerte Wohlstand erhöhe die Nachfrage nach Schmuck und bewirke das Einschmelzen von Goldmünzen. So werde die Nachfrage, welche die steigende Produktion hätte aufnehmen sollen, vorzu vernichtet und die Goldwährung sei „eigentlich die Säge, womit man den Ast absägt, auf dem der Wohlstand wächst".[21])

§ 17.

Kritische Bemerkungen zu Gesells Auffassung der Wirtschaftskrisen und zu seinen Vorschlägen zu deren Beseitigung.

Derjenige Teil von Gesells Krisenlehre, der die Störungen des Wirtschaftslebens mit dem Zins in Zusammenhang bringt, erledigt sich für uns von selbst. Ist es falsch, daß das Geld unter

---

[17]) Als Beispiel wird von E. Frankfurth die Einführung der deutschen Goldwährung genannt, vgl. a. a. O. S. 70. Desgl. Georg Hammer, Die Währungsfrage, S. 23.

[18]) Silvio Gesell und Ernst Frankfurth, Aktive Währungspolitik, Leipzig 1909, S. 18.

[19]) Aktive Währungspolitik, S. 21.

[20]) A. a. O. S. 24.

[21]) N. W. O. S. 188, vgl. auch Aktive Währungspolitik, S. 25ff.

allen Umständen einen Zins erpressen könne und der Zins des „Realkapitals" sich hievon herleite, so fällt auch die auf dieser Voraussetzung aufgebaute Krisenlehre in sich zusammen. Die Krise kann nicht dadurch entstehen, daß das neue „Realkapital" keinen Zins mehr abwirft, der dem Urzins entspräche, aus welchem Grund dann das Geld seine Dienste versagte. Diese Meinung widerspricht übrigens auch der allgemein bekannten Tatsache des Steigens des Zinsfußes vor Ausbruch der Krise. Auch die weiteren, an die „Überlegenheit des Geldes" geknüpften Folgerungen werden hinfällig, sobald diese selbst nicht anerkannt wird.

Was wir hier noch vorzubringen haben, betrifft in der Hauptsache den zweiten von Gesell vorgetragenen Ursachenkomplex der Entstehung von Wirtschaftskrisen, den Zusammenhang derselben mit dem Preisstand und der Geldpolitik.

Nachstehende vier Punkte wünsche ich im folgenden kurz zu besprechen:

1. Sind Preisfall und Krisen identisch?
2. Die Forderung des stabilen Preisstandes und das Wesen der Produktionskrisen.
3. Mechanismus der Preisbewegungen und Konjunktur. (Kritik der Lehre von der Möglichkeit eines stabilen Preisstandes) und
4. Kredit, Notenbankpolitik und Krisen.

Zu 1. Gesell identifiziert die Krisen mit fallenden Preisen, woraus er den Schluß zieht: „Die Preise dürfen nie und unter keinen Umständen fallen."[1]) Involviert tatsächlich jeder Preisfall eine Krise?

Zunächst wollen wir uns darüber verständigen, was unter Krise zu verstehen ist. Wenn wir jedwelche Störungen im normalen Ablauf des Wirtschaftsprozesses als Krise bezeichnen wollen, so gibt es deren sehr verschiedene Arten. Bouniatian gibt folgende Systematik:[2])

I. allgemeine Wirtschaftskrisen,
II. spezielle Wirtschaftskrisen.
  1. Krisen der Verkehrsmittel:
    a) Geldkrise,
    b) Kreditkrise;
  2. Krisen des Wertverkehrs oder Handelskrisen:
    a) Krise des Güterverkehrs oder Handelswarenkrise,
    b) Krise des Kapitalverkehrs;
  3. Krisen der Güterproduktion:
    a) Industriekrise,
    b) Agrarkrise.

---

[1]) N. W. O. S. 194.

[2]) Dr. Mentor Bouniatian, Wirtschaftskrisen und Überkapitalisation, München 1908, S. 8.

Es ist klar, daß es sich bei dieser Klassifikation um Typen handelt, die nie oder doch nur sehr selten in reiner Form auftreten, sondern stets in Verbindung mit anderen. Die Geldkrise wird stets von einer Kreditkrise begleitet sein und die Handelswarenkrise wird meistens auch eine Kreditkrise hervorrufen oder eine Produktionskrise zur Folge haben. In dieser Weise will auch Bouniatian seine Klassifikation verstanden wissen. Wir werden in der Folge, wenn wir von Krise sprechen, weder die spezifische Geldkrise, noch die Kredit- oder die Kapitalkrise im Auge haben, sondern die Produktionskrise, die aber von diesen andern Erscheinungsformen einer Krise begleitet sein kann.

Eine reine Geldkrise, dies mag vorweg bemerkt sein, kann in quantitativem Mangel an Geldmitteln und den dadurch bewirkten Stockungen der Zirkulation begründet sein. Ein klassisches Beispiel hiefür bildet die englische Geldkrise des Jahres 1696, die durch Einziehen und Umprägung der Silbermünzen entstand.[3]) Solche Fälle sind in neuerer Zeit nur noch selten vorgekommen, weil die Bankzahlungsmittel (Note, Check, auch staatliche oder private Zertifikate) in die Lücke springen können. Zu nennen wären etwa die 1848 nach dem Umsturz in Paris kurze Zeit herrschende Geldkrise, der die provisorische Regierung durch die Schaffung neuer Kreditorgane und das Dekret betr. Aufhebung der Bareinlösung der Noten rasch begegnete, ferner die Geld- und Kreditkrise, die der Ausbruch des Weltkrieges 1914 in vielen Staaten hervorrief.[4]) Eine mildere Form der Geldkrise kann sich dann einstellen, wenn durch Metallabfluß ins Ausland zufolge ungünstiger Zahlungsbilanz die Notenbank gezwungen wird, ihre Diskontierungen einzustellen oder den Diskontosatz stark hinaufzusetzen, ohne daß diese Maßnahme durch die innere Struktur des Wirtschaftslebens gerechtfertigt wäre. (Beispiele: die englischen Geldklemmen von 1783, 1818/19, 1839). Eine Geldkrise kann aber auch durch Herabsetzung des Münzfußes, Beschneiden der Münzen usw. (Kipper und Wipper!) oder durch Entwertung des Geldes entstehen, indem dadurch dem Verkehr und der Produktion die sichere Grundlage für ihre Berechnungen genommen werden. Eine dritte Möglichkeit für eine Geldkrise und eine vom Geld her bewirkte Produktionskrise gibt auch eine zu weit getriebene Deflation ab, die zu einem Mangel an Umlaufsmitteln und einer Geschäftsstockung führen kann. Diesen dritten Fall scheint Gesell in Argentinien vor Augen gehabt zu haben.

---

[3]) Dr. Mentor Bouniatian, Geschichte der Handelskrisen in England, 1640—1840, München 1908, S. 56 ff.

[4]) Über die damaligen Verhältnisse in der Schweiz, wo die Geldkrise wegen der ungenügenden Vorbereitung, in der sie die geldschöpferischen Organe traf, besonders heftige Formen annahm, vgl. die Ausführungen und Berechnungen von Dr. Kellenberger in seinem Buch: Geldumlauf und Thesaurierung, Zürich 1920.

Wenn auch eigentliche Geldkrisen zumeist von Störungen in der Produktion begleitet waren, so haben wir es doch hier nicht mit den typischen Produktionskrisen zu tun. Diese sind vielmehr streng von ihnen zu unterscheiden. Bei Gesell entbehrt man einer solchen Unterscheidung, da er eben die Ursachen aller Krisen gleichmäßig beim Gelde sucht. Aber auch er denkt, wenn er von Krisen spricht, in erster Linie an Produktionskrisen, nicht lediglich an Geld-, Kredit- und Kapitalkrisen. Das geht schon daraus hervor, daß die Krisen nach Gesell eine solche Minderproduktion von „Realkapitalien" erzeugen sollen, daß der Zins nicht unter den „Urzins" fallen könne.

Diese Bemerkungen zur Abklärung und Abgrenzung unseres Themas vorausgeschickt, kehren wir zu unserer Frage zurück, die wir wie folgt formulieren können: Bedingen fallende Preise stets Außerfunktionsetzen von Produktionsanlagen und in der Folge deren Entwertung, sowie Arbeitslosigkeit? Zweifellos nein. Es können sich durch die Einführung wichtiger technischer Neuerungen die Kosten und nach entsprechender Mehrproduktion auch die Preise der Erzeugnisse in wichtigen Produktionszweigen bedeutend ermäßigt haben, ohne daß wir von vorneherein zu sagen vermöchten, ob der Preisstand der anderen Produkte sich erhöht habe oder nicht. Trifft dies nicht zu, so ist eben der durchschnittliche Preisstand gesunken, was auch tatsächlich bei den großen technischen Umwälzungen zu Beginn des 19. Jahrhunderts der Fall war. Es werden durch solche Umwälzungen freilich jene Produzenten betroffen, welche an den veralteten Produktionsmethoden festhalten und sich den neuen Bedingungen nicht rasch genug anzupassen vermögen, doch handelt es sich hier um Teilkrisen, die durch besondere Umstände verursacht sind, nicht aber um allgemeine Produktionsstockungen. Das Wesen der Produktionskrise ist demnach mit dem Preisfall allein nicht erfaßt.

Gehen wir noch einen Schritt weiter, so können wir sagen, daß *der Preisfall erst, aber auch immer dann zu einer Krise führen wird, wenn er so stark ist, daß ein großer Teil der Produzenten die Kosten nicht mehr decken kann und deshalb gezwungen ist, die Betriebe zu schließen oder doch die Produktion stark einzuschränken.*

Zu 2. Fallende Preise brauchen nicht unter allen Umständen von einer allgemeinen Produktionskrise begleitet zu sein. Darin liegt bereits eine erste Kritik der Forderung des „stabilen Durchschnittspreises aller Waren", insofern diese Forderung der Beseitigung der Wirtschaftskrisen dienen soll. Ist der Preisrückgang in den Bedingungen der Produktion begründet, so wird die Erhaltung eines „stabilen Durchschnittspreises" durch das Mittel der Notenpresse höhere Erträge für die Produzenten hervorrufen,

Spekulationen erzeugen und die Anpassung der Produktion an den Bedarf erschweren.

Aber noch ein weiteres. Gesell und Christen gehen bei all ihren Betrachtungen und Vorschlägen krisenpolitischer Art stets vom „Durchschnittspreis aller Waren aus". Werde dieser stabil erhalten, so seien die allgemeinen Krisen verunmöglicht,[5]) während die relativen Warenpreise schwanken dürften, ja schwanken müßten, da sie sich nach dem Verhältnis von Bedarf und Deckung richten. Unsere Autoren gehen damit von der Auffassung aus, daß sich die Produktion ohne Schwierigkeit dem Bedarf anpasse, die Krisen nicht in einer Diskrepanz von Gütererzeugung und Bedarf, veranlaßt durch eine falsche Einschätzung des letzteren, bestünden. Gesell spricht stets vom Nachlassen der Nachfrage ganz im allgemeinen, identifiziert er doch diese Nachfrage mit dem Geld, statt sie mit der Einkommensgestaltung und den Wertschätzungen der Konsumenten in Verbindung zu bringen.[6]) Von dieser mechanischen Auffassung der Preisbildung aus kann er den Preisrückgang nur durch ein mangelndes Geldangebot, veranlaßt durch ein „Zurückhalten" des Geldes erklären. Daß dies gar keine Erklärung ist, weil nur ein momentanes Zurückgehen der Nachfrage, nicht aber die dauernde Depression hieraus gefolgert werden könnte, sieht er nicht ein. Der Umfang der Nachfrage wird ja durch die Einkommen bestimmt. Würde auch eine gewisse Einkommensquote thesauriert, so könnte dies die Nachfrage nicht dauernd affizieren, es müßte denn angenommen werden, daß mit jedem Einkommensbezug neue Thesaurierungen vorgenommen würden, was ein offenbarer Unsinn ist. Auch eine Geldkrise kann die Nachfrage und die Produktion nur dadurch dauernd unterbrechen, daß die Einkommensbildung gestört wird.

Christen wird den Tatsachen eher gerecht, wenn er Partialkrisen von allgemeinen Krisen unterscheidet und erstere aus der mangelhaften Anpassung an den Bedarf erklärt.[7]) Das Wesen der

---

[5]) Viele Belegstellen könnten dafür angeführt werden. Hier sei verwiesen auf den Auff. Gesells: Absatzversicherung auf Gegenseitigkeit in „Die Geld- und Bodenreform", 1. Jahrg. 2. Heft. Dort schreibt er: „Waren absetzen heißt, Waren gegen Geld verkaufen und eine Versicherung gegen Absatzstockung kann deshalb nur in einer Einrichtung bestehen, daß das Angebot von Geld sich regelmäßig scharf mit dem Angebot von Waren deckt, so zwar, daß das allgemeine Preisniveau niemals eine Veränderung erfahren kann." — Christen sagt: „Wenn der Preis der Durchschnittsware fest ist, so sind künftig die allgemeinen Konjunkturschwankungen ausgeschlossen. Und wenn es keine allgemeine Konjunkturschwankungen mehr gibt, so gibt es auch keine allgemeinen Wirtschaftskrisen mehr" (Ordnung und Gesundung des schweiz. Geldwesens, I. Denkschr. S. 13).

[6]) Es muß hier auf das bei Besprechung der Wert- und Preislehre von „Freigeld" Gesagte verwiesen werden. Die Krisenlehre Gesells steht in engem Zusammenhang mit seiner mangelhaften Preislehre.

[7]) Vgl. Ordnung und Gesundung usw. S. 8ff.

allgemeinen Wirtschaftskrisen erfaßt er aber so wenig wie Gesell, wenn er das mangelnde Geldangebot für das Zurückbleiben der Nachfragen verantwortlich macht.[8]) Da Geldangebot (Geld im weitesten Sinne, als Zahlkraft überhaupt verstanden) und Nachfrage ein und dasselbe sind, läuft dieser Satz eigentlich auf eine Tautologie hinaus. Erklärt muß werden, weshalb das Geldangebot zeitweise zurückbleibt und dazu ist notwendig, die Einkommensbewegung in Betracht zu ziehen, was nur in Zusammenhang mit den Geschehnissen auf dem Güter- und Arbeitsmarkt möglich ist.

Die Produktion auf privatwirtschaftlicher Grundlage paßt sich, wie wir wissen, nur durch das Medium der Preisbildung dem Bedarf an. Die Unternehmer und ebenso die Besitzer von Kapitaldispositionen und die Arbeiter werden sich mit Vorliebe jenen Erwerbszweigen zuwenden, in denen sie einen überdurchschnittlichen Ertrag erzielen. Da aber der Bedarf an gewerblichen Gegenständen in der modernen Gesellschaft beständige Veränderungen erleidet, werden auch die Preise, auf welche die Unternehmer ihre Kalkulationen stützen, beständigen Schwankungen unterworfen sein. Das bringt für die Produktion eine starke Unsicherheit mit sich. Ist ein neuer Bedarf zu decken oder wächst der Bedarf an bestimmten Gütern auf Kosten desjenigen an andern Produkten erheblich an, so werden in den betreffenden Industriezweigen, solange sich nicht die Produktion entsprechend vermehrt hat, sehr hohe Beträge erzielt, die dann andere Unternehmer veranlassen, hier ihr Glück zu versuchen. Sie machen ihre Kalkulation auf Grund der j e t z i g e n Preise. Wissen sie aber, ob der Bedarf anhält oder nur ein außerordentlicher war? Auch fehlt dem einzelnen Unternehmer die Übersicht über den Umfang des neuentstandenen Angebots, er sei denn Mitglied eines Kartells. Überschätzung des Bedarfs, dadurch bewirkte partielle Überproduktion und Entwertung der Produktionsanlagen können um so leichter entstehen, als sich erfahrungsgemäß für jene Artikel, deren Erzeugung einen hohen Gewinn abwirft, eine „Meinung" in der Geschäftswelt bildet und jedermann, der freies Kapital zur Verfügung hat, in dem betreffenden Artikel „macht".

Ein starkes Moment der Unsicherheit bringen auch die technischen Neuerungen, überhaupt alles das, was Schumpeter unter dem Namen wirtschaftliche Entwicklung zusammenfaßt,[9]) denn es erzeugt einen plötzlich auftauchenden neuen Bedarf an Produktions-

---

[8]) Er sagt: „Zieht man aus den Partialkonjunkturen mit Recht den Schluß auf vermindertes bzw. auf vermehrtes Angebot einer einzelnen Ware, so beweisen andererseits die allgemeinen Konjunkturen die entsprechenden Veränderungen im Angebot des Geldes" (S. 11).

[9]) Jos. Schumpeter, Theorie der gesellschaftl. Entwicklung, 6. Kap.: Das Wesen der Wirtschaftskrisen, S. 414 ff. Schumpeter sieht das Wesen der Entwicklung in der „Durchsetzung neuer Kombinationen".

mitteln, der wieder verschwindet, wenn die Neuerungen durchgeführt sind. Überhaupt ist zu sagen, daß die Gefahr einer Diskrepanz zwischen der Gütererzeugung und dem schließlichen Bedarf um so größer wird, je länger der Produktionsumweg ist, d. h. je mehr Mittelsgüter zur Erzeugung verwandt werden. Die Abschätzung des Bedarfs ist auf den unteren Stufen der Produktion noch viel schwieriger, als auf den oberen und die Preise der Mittelsgüter schwanken daher im allgemeinen mehr, als diejenigen der fertigen Produkte.[10])

Die neuere Krisentheorie sucht denn auch das Moment der Erzeugung von Produktivgütern besonders zu verwerten. Bouniatian und Herkner sehen das Wesen der modernen Krisen in der zu starken und raschen Vermehrung dauerhafter Produktivgüter in der Zeit aufsteigender Konjunktur und im Verhältnis zum kaufkräftigen Bedarf an fertigen Produkten.[11]) Tugan-Baranowski, der diese Lehre bekämpft, weist auf die Diskrepanz der regelmäßig vor sich gehenden Kapitalakkumulation und der stoßweisen Erzeugung von dauerhaften Produktivgütern (festem Kapital, wie er es nennt) hin. Letztere rufe einer erhöhten Nachfrage nach Waren, bis die Erschöpfung des Leihkapitals und die äußerste Anspannung des Kredits der Erzeugung von Produktionsmitteln Halt gebiete, dadurch aber ein Sinken der Nachfrage nach allen jenen Gütern herbeiführe, welche dazu benötigt würden. „Die Einteilung der Produktion hört auf, proportionell zu sein. Maschinen, Instrumente, Eisen, Ziegelsteine, Bauholz werden weniger als früher verlangt, weil die Neugründungen abgenommen haben. Da aber die Produzenten der Produktionsmittel ihr Kapital aus ihren Unternehmungen nicht

[10]) Es ist das Verdienst Cassels, diesen Satz auf induktivem Wege erwiesen zu haben. Er stellte Diagramme für die Preisentwicklung der Mineralien und diejenige anderer Waren seit 1870 auf, aus denen sich ergab, daß die Preisschwankungen der ersteren an den Konjunkturwenden viel schärfer waren, als diejenigen der zweiten Gruppe. Es ergab sich ferner, daß die Kurve der Roheisenerzeugung eine ausgesprochene Abhängigkeit vom Konjunkturwechsel zeigte, während diejenige der Kohlenproduktion eine solche Abhängigkeit nicht aufwies. Daraus zog Cassel den Schluß, „daß der Wechsel zwischen Auf- und Niedergangsperioden seiner innersten Natur nach eine Variation in der Produktion von festem Kapital ist (dauerhaften Produktions- und Verbrauchsgütern), aber in keinem unmittelbarem Zusammenhang mit der übrigen Produktion steht" (Theoretische Sozialökonomie, S. 470).

[11]) Beide Autoren gehen davon aus, daß für den vergrößerten Produktionsapparat die Beschäftigung fehlen müßte, wenn nicht die Konsumtion auf Kosten der Kapitalisation vermehrt werde. Da dies nicht der Fall sei, ergebe sich mit Notwendigkeit ein Preisfall der in nun größeren Mengen erstellten Produkte und die Entwertung und Außerfunktionsetzung eines Teils der Produktionsanlagen. Herkner spricht von Unterkonsumtion, Bouniatian dagegen von Überkapitalisation oder forcierter Kapitalakkumulation. Beide berücksichtigen dabei die Art der Einkommensverteilung. (Vgl. Art. Krisen von Herkner im Hdwb. d. Stw. Bd. 6, S. 256ff. und Bouniatian, Wirtschaftskrisen und Überkapitalisation, S. 113f. u. 177ff.).

herausziehen können und zudem erfordert die Größe des angelegten Kapitals in der Form der Bauten, Maschinen usw. eine Fortführung der Produktion ..., so entsteht eine Überproduktion der Produktionsmittel. Infolge der Abhängigkeit aller Produktionszweige voneinander wird die partielle Überproduktion zu einer allgemeinen — die Preise aller Waren sinken, und es tritt eine allgemeine Geschäftsstockung ein." [12])

Die Auffassung von der Disproportionalität in der Einteilung der gesellschaftlichen Produktion als krisenverursachender Umstand wurde von Spiethoff weiter ausgebaut [13]) und hat die Zustimmung der Mehrzahl der Nationalökonomen erhalten. Besteht aber das Wesen der Wirtschaftskrisen in der falschen Einschätzung des Bedarfs und der daraus fließenden unrichtigen Einteilung der Produktivkräfte, so ist klar, daß währungspolitische Maßnahmen wirkungslos bleiben müssen.

Zu 3. In dem bisher Gesagten liegt bereits eine Kritik von Gesells Vorschlägen eingeschlossen. Ist die Verhinderung zeitweiliger Absatzstockungen und Entwertungen in der kapitalistischen Wirtschaftsordnung ein Ding der Unmöglichkeit, so muß auch die Aufrechterhaltung des stabilen Preisniveaus als ausgeschlossen gelten. Entwertungen in einer Industriegruppe, z. B. in derjenigen der instrumentalen Industrien (wie die, der Erzeugung von Produktivgütern gewidmeten Gewerbe auch genannt werden), werden auch die Nachfrage nach Erzeugnissen anderer Industrien in Mitleidenschaft ziehen, zunächst jener, welche, von den instrumentalen Industrien benötigte Materialien und Rohstoffe erzeugen, sodann, infolge der Einkommensschmälerung der hier Beschäftigten, auch die meisten Fertigindustrien, um so mehr, als in manchen Fertigindustrien wegen der vorangegangenen starken Herstellung von Produktionsmitteln sowieso schon eine Tendenz zur Überproduktion besteht.

Wie sollte das Währungsamt gegen den notwendig gewordenen Preisfall reagieren können? Wollte es versuchen, durch billige Kreditgewährung und Steigerung des Notenumlaufs die Preise hoch zu halten, so vermöchte es vielleicht, die gute Konjunktur noch eine zeitlang aufzupeitschen. Da hierdurch das Mißverhältnis nur noch schlimmer würde, müßte die Krise und der darauf folgende Preisfall schließlich um so größere Proportionen annehmen.

---

[12]) Mich. v. Tugan-Baranowski, Studien zur Theorie und Geschichte der Handelskrisen in England, Jena 1901, S. 249 f.

[13]) Vgl. die zwei Aufs. Spiethoffs in Schmollers Jahrb., Bd. 33, 3—4 von 1909, „Das Verhältnis von Kapital, Geld und Güterwelt", und „Der Kapitalmangel in seinem Verhältnis zur Güterwelt", sowie das Ref. im Verein f. Sozialpolitik in Hamburg v. 1903 (siehe Schriften Bd. 113).

Aber, so ist man vielleicht versucht zu fragen, wenn das Währungsamt einen allgemeinen Preisfall, veranlaßt durch die vorangegangene Hochkonjunktur und die mit ihr verbundene Überschätzung künftigen Bedarfs, nicht verhindern kann, kann es dann vielleicht durch eine weise Politik die Preishausse unterbinden? Die so denken, müssen von der Annahme ausgehen, jede Preissteigerung sei durch eine vermehrte Geldemmission veranlaßt worden. Diese Auffassung ist häufig schon vertreten worden. So noch vor kurzem durch Sombart.[14])

Richtig ist, daß die Schaffung neuer Kaufkraft durch das Mittel der Geldemission auf den Preisstand erhöhend einwirkt und daß diese Preishausse den Anstoß zu einem industriellen Aufschwung abgeben kann. Das steht aber nicht zur Diskussion. Die Frage geht vielmehr dahin, *ob ein Aufschwung auch ohne eine solche Mehremission von Geld eintreten könne. Diese Frage ist aber entschieden zu bejahen.* Den Anlaß zu einem allgemeinen Aufschwung und damit verbundener Preishausse können neue Produktionsmethoden, wichtige Erfindungen, ein neu zu deckender Bedarf abgeben. Jene Unternehmer, die solche Möglichkeiten wahrzunehmen wissen, werden überdurchschnittliche Erträge erzielen, Kapital und Arbeit durch hohe Verzinsung und Entlöhnung an sich ziehen und so den Anstoß zu einem Aufschwung geben. Einmal wirken ihre Materialbestellungen anspornend und sodann wird das höhere Einkommen aller Beteiligten auf die Nachfrage und die Preise stimulierend wirken. Auf diese Weise wird sich der Aufschwung weiter ausbreiten.

Das hier Gesagte gilt unabhängig von der Richtigkeit der von Bouniatian aufgestellten Leitsätze, wonach eine Konzentration der Nachfrage und die dadurch bewirkte Zentralisation der Kaufkraft den Preisstand erhöhe, umgekehrt eine Dezentralisation der Nachfrage und Diffusion der Kaufkraft ihn ermäßige,[15]) aus welcher Lehre Bouniatian die allgemeine progressive Preissteigerung einerseits, die allgemeine progressive Preissenkung anderseits ableitet.

---

[14]) In seinem Ref. im Verein f. Sozialpol. 1903 über „Die Störungen im deutschen Wirtschaftsleben während der Jahre 1900ff." (Schriften Bd. 113).

[15]) Vgl. Bouniatian, Wirtschaftskrisen, a. a. O. S. 98ff. Im Falle der Konzentration der Nachfrage von mehreren auf ein einziges oder eine kleinere Anzahl von Gütern soll die Preissteigerung der stärker begehrten Güter in ihrer Wirkung auf den allgemeinen Preisstand die Preissenkung der weniger gefragten Güter, die sich auf eine größere Anzahl ausdehnen, übertreffen. Dies zufolge der allgemeinen Regel, daß die Änderung im Verhältnis von Bedarf und Vorrat einer Gütergattung, die allein einem dringenden Bedürfnis dienen könne, eine, in stärkerer Progression fortschreitende Veränderung des Grenznutzens verursache. Die umgekehrte Wirkung soll bei Dezentralisation der Nachfrage eintreten. Die Allgemeingültigkeit dieses Satzes möchte ich anzweifeln. Die Nutzenskala der Konsumenten steht eben nicht fest, sondern wird sich mit der Veränderung der Preise und der Versorgungsverhältnisse stets wandeln.

Jedenfalls sehen wir, daß das Entstehen eines Aufschwungs und einer Preishausse nicht unter allen Umständen an eine Geldvermehrung gebunden ist. Der Grund liegt darin, daß die sog. Umlaufsgeschwindigkeit des Geldes nicht feststehend, sondern ungemein elastisch ist und sich den Geschäftsumsätzen anpaßt. Mit richtigem Gefühl hat denn auch Gesell geahnt, daß hier das Hindernis für die Stabilisierung des Preisstandes liege. Deshalb der Vorschlag, durch die regelmäßige Wertabnahme des Geldes dessen Umlauf zu regulieren, das zweite Ziel des Freigeldes.

Diese Maßnahme vermöchte ihren Zweck nicht zu erreichen. Die Umlaufgeschwindigkeit des Geldes wird nicht vom Geldbesitzer bestimmt, sondern vom Geschäftsgang. Die Tätigung der Geschäftsumsätze geschieht aber zum größten Teil nicht mit materiellem Geld (Währungsgeld und Noten), sondern durch Scheck und Giro, d. h. durch Anweisung auf Bankguthaben. Auch abgesehen davon würde beim kleinen Kassenbestand der meisten Geschäftsleute im Vergleich zu ihren Umsätzen eine Wertabnahme des Geldes von 5% im Jahr wahrhaftig nicht in Betracht fallen. Würde sie aber in Betracht fallen, so würde das Geld deshalb nicht rascher wieder ausgegeben, sondern mit entsprechendem Disagio genommen. Die Maßnahme ist in jedem Fall verfehlt, da die Triebfeder für den Umlauf des Geldes nicht in diesem, sondern in der Tätigung der Geschäfte liegt, d. h. letzten Endes im Bedarf und im Ertragsstreben. Geschädigt könnte einzig der kleine Konsument werden. Gesell erwartet von ihm, daß er nun Waren auf Vorrat lege, statt das Geld in der Kasse zu behalten, bis ein Bedarf seine Dahingabe veranlasse.[16] Selbst angenommen, dies treffe zu, so ist nicht ersichtlich, was hiedurch für den Gang der Konjunkturen gewonnen sein sollte.[17]

Auch die Art und Weise, wie die Geldvermehrung und somit auch die Goldzufuhren auf den Preisstand einwirken, ist von Gesell und desgleichen von Christen unrichtig erfaßt.[18] Da sie Geld und Nachfrage identifizieren, ist ihnen jedes Mehr an Geld gleichzeitig eine Vermehrung der Nachfrage. Die Frage, wie neues Geld auf die Preise einwirke, kann aber nicht generell entschieden werden, sondern ist davon abhängig, wie das Geld in den Umlauf tritt. Die Edelmetallzufuhren zu Beginn der Neuzeit traten zumeist als unmittelbare Kaufkraft auf, im Gegensatz zu jenen der neueren Zeit. Wie

---

[16]) Siehe N. W. O. S. 254 f.

[17]) Vgl. hierüber Art. v. Ernst Gerwig über das Freigeld im „Aufbau" vom 4. Juni 1920, S. 179.

[18]) Der Fehler liegt in der mechanischen Auffassung von der Preisbildung. Dieser Fehler ist der Quanitätstheorie überhaupt immanent. Da ich mich nicht über ihren Erklärungswert auszusprechen habe, kann diese Behauptung nicht näher begründet werden.

Adolph Wagner und andere hervorheben, vermehrt das Gold zunächst das Geldkapital und wirkt auf den Preisstand nur auf dem Umweg über den Geldmarkt.[19]) Der flüssigere Geldmarkt kann den Anstoß zu einem geschäftlichen Aufschwung geben, wird es aber nur dann tun, wenn die andern Umstände, im besonderen auch die Psychologie der Geschäftswelt, dies erlauben. Die gleiche Unterscheidung in bezug auf die Art der Ausgabe und die Wirkung auf die Preise ist auch für das Papiergeld zu machen. Eine Vermehrung desselben wird nur insofern auf die Preise einwirken, als es als additionelle Kaufkraft auftritt. Das geschieht aber häufig nicht sofort.

Zu 4. Einer jeden Preissteigerung, die nicht durch Vermehrung des Geldes (Inflation) erzeugt wurde, wären enge Grenzen gezogen, wenn nicht der Kredit die Möglichkeit einer sehr starken Ausdehnung der Umsätze bei gleichbleibender Geldbasis böte. Der Vorteil der Entwicklung der Kreditzahlungsmethoden liegt in der Elastizität des Umlaufs, seiner Anpassungsfähigkeit an die Zahlungsbedürfnisse, auch in der Leichtigkeit, mit der Vermögensübertragungen und Kreditgewährungen vollzogen werden können, der Nachteil in der Möglichkeit, diese Institution übermäßigen Preistreibereien, der Überspekulation und einem anormalen, in den wirtschaftlichen Bedingungen unbegründeten Aufschwung dienstbar zu machen. „Die Preisbewegungen werden durch die Kreditwirtschaft erleichtert", sagt Bouniatian, „der Kredit befreit das Wirtschaftsleben von den engen Fesseln der primitiven Geldwirtschaft, zugleich aber auch von der Notwendigkeit einer langsamen, aber gleichmäßigen und sicheren Entwicklung".[20]) Hat der Kredit eine überrasche und einseitige Entwicklung begünstigt und dadurch eine Preissteigerung herbeigeführt, so liegt beim Eintreten der Reaktion in der Gestalt der Preisrückbildung die Gefahr von Kreditерschütterungen und dadurch einer Geldklemme nahe. Wenn Flürscheim die hierin ruhenden Gefahren betont, die natürlich um so größer werden, je mehr sich die Kreditwirtschaft entfaltet, und Gesell das Versagen der Kreditzahlungsmethoden und das allgemeine Verlangen nach Geld in solchen Augenblicken als krisenförderndes Moment hervorhebt, so ist ihnen gewiß zuzustimmen. Aber die Ursache der Krise ist meistens (von den besonderen Kreditkrisen im 18. Jahrhundert zu Beginn der kreditwirtschaftlichen Entwicklung abgesehen) nicht im Kredit und der Größe der bargeldlosen Umsätze im Vergleich zu den in barem Geld getätigten zu suchen, sondern in der Störung des Gleichgewichts durch die unproportionelle und überrasche Entfaltung

[19]) Vgl. Ad. Wagner, Theoretische Sozialökonomik, Bd. 2, S. 207 ff., sowie über die Wirkungen der Vermehrung des Geldkapitals daselbst, S. 179 f.

[20]) A. a. O. S. 87.

der gesellschaftlichen Kräfte. Dies muß gegen Flürscheim betont werden. Und zu Gesells Auffassung ist zu sagen, daß das bare Geld den Kreditzahlungsmitteln nicht wegen des Preisfalls und der „Überlegenheit des Geldes" vorgezogen wird, sondern wegen der umsichgreifenden Unsicherheit und dem allgemeinen Mißtrauen. Sobald durch die Gewißheit, Geld im Notfall erhalten zu können, das Vertrauen wiedergekehrt ist, hören das Verlangen nach Bargeld und die privaten Thesaurierungen auf. Unzählige Beispiele wären hiefür anzuführen. Deshalb besteht die einzig richtige Politik der zentralen Notenbanken in solchen Augenblicken in unbeschränkten Diskontierungen, unbeschadet der Metalldeckung der Noten.

Unzutreffend ist auch der von Gesell und Frankfurth geschilderte enge Zusammenhang zwischen der Emissionspolitik der Notenbanken und dem Goldbestand. Statt allgemeine Behauptungen aufzustellen und generelle Beschuldigungen zu erheben, hätten sie besser einzelne Beweise für ihre These beigebracht. In steigendem Maße haben sich die großen Notenbanken eine Reserve in ihrer Diskontopolitik auferlegt. (Von den Kriegsverhältnissen, da die Notenbanken gegenüber dem Staatsfiskus ein unglückseliges Entgegenkommen zeigten, wird hier abgesehen.) Sie warten mit der Erhöhung des Diskontosatzes nicht zu, bis die Emissionsgrenze erreicht ist. Richtig mag zwar sein, daß eine Erhöhung häufig erst zu spät vorgenommen wurde, wenn die Hochkonjunktur schon in vollem Gange war und die Verschlechterung des Deckungsverhältnisses die Direktion zu ängstigen begann. Nicht dieses hat maßgebend zu sein, sondern die Tendenz der wirtschaftlichen Entwicklung, die natürlichen und gesunden Grundlagen zu verlassen. Es handelt sich dabei aber um eine sehr schwierige Aufgabe, denn die Frage, ob es sich nur um einen vorübergehenden Zahlungsmittelbedarf handelt, der ohne weiteres befriedigt werden darf und im Interesse einer reibungslosen Abwicklung des Zahlungsverkehrs auch ohne Erschwerung befriedigt werden soll, oder ob eine dauernde, stärkere Inanspruchnahme vorliegt, ist meistens nicht leicht zu entscheiden.

Die Auffassung jedoch, daß die Notenbanken durch ihre Diskontopolitik die Hausse künstlich erzeugen, muß als irrig bezeichnet werden. Ein nicht rasch genug erhöhter Diskontosatz kann freilich stimulierend wirken und die Hausse schüren, nie aber sie erzeugen. Noch irriger ist die andere Meinung, die schließliche Erhöhung des Diskonts und die Einschränkung der Notenemission bewirke den Umschwung. Nach dem, was wir früher schon hierüber angeführt haben, brauchen wir darauf nicht zurückzukommen.

Zusammenfassend wäre zu sagen, daß zwar eine Produktionskrise durch eine unrichtige Geldverwaltung veranlaßt sein kann. Diese Möglichkeit wurde aber in neuerer Zeit wegen der besseren

Ausbildung des Geldwesens und dem zunehmenden Verständnis der Staatsorgane für die wichtigen Funktionen desselben nur noch selten Wirklichkeit. Nur diese eine Möglichkeit in Betracht ziehen, wie es Gesell und seine Anhänger tun, ist ein methodischer und ein prinzipieller Fehler. Prinzipiell ist der Fehler deshalb, weil das Typische der Produktionskrisen, um deren Erklärung es sich doch handelt, nicht erfaßt werden kann, wenn nur die Vorgänge auf dem Geldmarkt in Betracht gezogen werden. So erhält das im Abschnitt über die Methode über Gesells Einstellung zu den Problemen Gesagte auch hier seine Bestätigung.

Schluß.

Wir haben die verschiedenen Formen des Tauschsozialismus einer kritischen Würdigung unterzogen und sind zum Schluß gekommen, daß sie alle gleichermaßen auf unhaltbaren Voraussetzungen und Konstruktionen beruhen. Es ist nicht möglich, die Zirkulation auf der Grundlage des Arbeitswerts zu organisieren, wie Owen vorschlug und nach ihm Proudhon in seiner ersten Konzeption des Problems es erstrebte. Es ist überhaupt nicht möglich, die Preisbildung durch irgendwelche künstliche Wertbildung, auch etwa die von Rodbertus vorgesehene, zu ersetzen, man müßte denn die Freiheit der Konsumwahl beseitigen, d. h. an die Stelle der Tauschwirtschaft eine kommunistische Ordnung treten lassen. Gleichermaßen verfehlt ist die Meinung, unser Geldsystem bewirke eine willkürliche Veränderung der Preisbildung, eine Abweichung von der natürlichen Tauschrelation, welche Auffassung bei allen Tauschsozialisten mit Ausnahme von Rodbertus mehr oder weniger stark ausgeprägt vorhanden ist. Eine „natürliche Wirtschaftsordnung", wie sie Gesell in seiner Konstruktion voraussetzt, gibt es nicht.

Der von Proudhon formulierte Vorschlag, durch Herstellung der direkten Austauschbarkeit der Produkte den Zins und das arbeitslose Einkommen überhaupt zu beseitigen, ist daher ganz verfehlt, aber ebenso die auf ähnlichen Anschauungen beruhenden, das Ziel zum Teil weniger weit steckenden Vorschläge seiner Nachfolger, Gesell inbegriffen. Liefen die älteren Vorschläge auf die Schaffung einer progressiv wachsenden Inflation hinaus, ohne daß dabei je das Ziel hätte erreicht werden können, so müßte die Einführung des Freigeldes zur Ersetzung des staatlichen Geldes als Wertvorstellungs- und Wertausdrucksmittel durch privates Geld (Bankzahlungsmittel) führen, wogegen das Freigeld nur mit Disagio je nach der raschen oder weniger raschen Entwertung desselben genommen würde. Der Zins ist nicht in der Zirkulation, sondern in der Produktion begründet, desgleichen ist die Ursache der Krisen nicht im Zirkulationsmittel, sondern in den Verhältnissen der

Produktion zu suchen, abgesehen von den eigentlichen Geldkrisen. Durch schematische Eingriffe in die Zirkulation kann daher nicht gehofft werden, an diesen Verhältnissen irgendetwas zu ändern. Wohl aber wäre die Durchführung solcher Vorschläge geeignet, das Vertrauen in das Geldwesen zu erschüttern und dadurch eine Kreditkrise heraufzubeschwören.

Was die Stabilisierung des Geldwerts betrifft, so lag es nicht in meiner Absicht, hier ihre Möglichkeit oder Unmöglichkeit eingehend zu erörtern, was die gleichzeitige Besprechung der Quantitätstheorie voraussetzte. Aus meinen Ausführungen geht jedoch bereits hervor, daß ich eine völlige Stabilisierung der Kaufkraft des Geldes nicht für möglich halte. Ich erachte sie aber auch nicht für notwendig. Ziel der Währungspolitik muß bleiben, den Prozeß der Gütererzeugung und der Güterverteilung, der auf der Wert- und Preisbildung beruht, durch Einflüsse von der Geldseite her möglichst wenig zu stören. Solange die Goldwährung die beste Garantie für die Erreichung dieses Zieles bietet, mag sie bestehen bleiben. Doch ist nicht gesagt, daß sie für alle Zeiten die Gewähr dafür leisten könne. Ich erblicke in der Währungsfrage kein Problem, das ein für allemal prinzipiell gelöst werden könnte, sondern eine Frage der praktischen Politik, die von gegebenen Verhältnissen auszugehen hat und das relativ Beste zu erreichen strebt.

Alle Tauschsozialisten fehlen gleichermaßen darin, daß sie die Zirkulationssphäre losgelöst vom Produktionsprozeß und vom Bewertungsprozeß als etwas Selbständiges betrachten. Die Zirkulation und Verteilung der Güter bildet aber erst die Folge der Produktionsverhältnisse und der Bewertung der Güter. Die Quelle des Irrtums liegt im Ausgangspunkt. Man klammert sich an etwas Äußeres, das Geld, weil durch seine Intervention die Verteilung der Güter in der Tauschwirtschaft vor sich geht, statt vom Menschen, seinem Bedarf und seinen wirtschaftlichen Handlungen auszugehen. Marx hat nicht unrecht, wenn er schrieb: „Die Art, wie die Produktivkräfte ausgetauscht werden, ist für die Art des Austausches der Produkte maßgebend. Im allgemeinen entspricht die Art des Austausches der Produkte der Produktionsweise",[1] woraus er dann folgerte: „man ändere die letztere und die Folge wird die Veränderung der ersteren sein". Marx, der von der objektiven Wertlehre ausging, hat aber der anderen Seite des Problems, den Nutzenschätzungen der Konsumenten nicht genügend Beachtung geschenkt.

So ist das als soziale Frage bekannte Problem der Gesellschaftsgliederung und der Verteilung des Produktionsertrags nicht durch Eingriffe in den Zirkulationsprozeß zu lösen, sondern es ist eine Frage der Rechtsgestaltung wollender Menschen.

---

[1]) Das Elend der Philosophie, S. 55.

Literaturverzeichnis.

1. Freigeld-Literatur.

Silvio Gesell, Die Anpassung des Geldes und seiner Verwaltung an die Bedürfnisse des modernen Verkehrs. Buenos Aires 1897. — Die neue Lehre vom Geld und Zins. Leipzig 1911. — Die natürliche Wirtschaftsordnung. 3. Aufl. Leipzig 1919. — Der Abbau des Staates, Denkschrift an die zu Weimar versammelten Nationalräte. Berlin 1919.

Silvio Gesell und Ernst Frankfurth, Aktive Währungspolitik. Leipzig 1909.

Ernst Frankfurth, Geldbriefe vom Silberstrom. Montevideo 1915. — Das arbeitslose Einkommen. Arosa u. Leipzig 1906.

Dr. Th. Christen, Ordnung und Gesundung des Schweizer Geldwesens, 3 Denkschriften an das eidgenössische Finanzdepartement. Bern 1919. Diverse Aufsätze in „Annalen des Deuschen Reiches".

Georg Hammer, Die Währungsfrage. Stuttgart 1918.

Georg Blumenthal, Die Befreiung von der Geld- und Zinsherrschaft. Berlin 1916.

Paulus Klüpfel, Lohn und Geldentwertung. Berlin 1919.

„Freiwirtschaft", Eine Absage an den Kapitalismus und an den Marxschen Sozialismus, von einem Unbeugsamen. Berlin 1919.

Werner Zimmermann, Was ist Sozialismus? Bern 1919.

Die Freiwirtschaft vor Gericht (Verteidigungsrede Gesells vor dem Münchener Schwurgericht), 1920.

„Die Geld- und Bodenreform", Zeitschrift, herausgegeben von Silvio Gesell 1903—1904.

„Die Freistatt", Halbmonatsschrift des Schweizer Freiland-Freigeld-Bundes.

Zeitschrift für schweiz. Statistik und Volkswirtschaft.

Schweiz. Zeitschrift für Volkswirtschaft und Sozialpolitik.

E. J. Walter, Freigeldwirtschaft oder Sozialismus. Zürich 1920.

2. Dogmengeschichtliche Literatur.

Gide et Rist, Histoire des doctrines économiques. Paris 1913.

Hector Denis, Histoire des systèmes économiques et socialistes, vol. II. Paris 1904.

Marc Aucuy, Les systèmes socialistes d'échange. Paris 1908.

W. Pareto, Les systèmes socialistes. 2 Bde. Paris 1902.

Karl Diehl, Sozialismus, Kommunismus und Anarchismus. Jena 1911.

Edouard Dolléans, Robert Owen. Paris 1907.

Helene Simon, Robert Owen, Sein Leben und seine Bedeutung für die Gegenwart. Jena 1905.

J. M. Bösch, Robert Owen. Winterthur 1905.

P. J. Proudhon, Systéme des contradictions économiques. 2 Bde. 1re éd. Paris 1846. — Qu'est-ce que la Propriété? 1re mémoire sur la propriété. Paris 1841. — Organisation du crédit et de la circulation. Paris 1848. — Résumé de la question sociale, Banque d'échange. Paris 1848. — Intérêt et Principal. Discussion entre M. Proudhon et M. Bastiat. Paris 1850. — Idée générale de la Révolution au 19me siécle. Paris 1851.

Karl Diehl, P. J. Proudhon, Seine Lehre und sein Leben. 3 Abteilungen. Jena 1886/96.
Arth. Desjardins, P. J. Proudhon, sa vie, ses œuvres, ses doctrines. 2 Bde. Paris 1896.
Arth. Mühlberger, P. J. Proudhon, Leben und Werke. Stuttgart 1898.
Schriften von Dr. Karl Rodbertus v. Jagetzow, herausg. von M. Wirth und Ad. Wagner. Bd. II u. III.
Ernest Solvay, Notes sur le Productivisme et le Comptabilisme. Bruxelles 1900. — Principes d'orientation sociale. Bruxelles 1900.
Michael Flürscheim, Not aus Überfluß. Leipzig 1909.

3. Allgemeine Literatur.

Ad. Smith, Untersuchungen über das Wesen und die Ursachen des Nationalreichtums, deutsch von Stirner. Leipzig 1846.
David Ricardo, Grundsätze der Volkswirtschaft und der Besteuerung, deutsch von Baumstark. 1837.
Karl Marx, Das Elend der Philosophie. 6. Aufl. Internat. Bibliothek. Stuttgart 1919. — Das Kapital. Bd. I u. III. 7. Aufl. Hamburg 1914.
Wilh. Roscher, Grundlagen der Nationalökonomie. Stuttgart 1894.
Gust. Schmoller, Grundriß der allgemeinen Volkswirtschaftslehre. Bd. II.
Ad. Wagner, Theoretische Sozialökonomik. Bd. II. Leipzig 1909.
Eugen v. Boehm-Bawerk, Kapital und Kapitalzins. 1. Abteilung: Geschichte und Kritik der Kapitalzins-Theorien. 3. Aufl. Innsbruck 1914. 2. Abteilung: Positive Theorie des Kapitals. 3. Aufl. Innsbruck 1909.
Fr. v. Wieser, Theorie der gesellschaftlichen Wirtschaft, im Grundriß der Sozialökonomik. 1. Abteilung. Tübingen 1914.
Jos. Schumpeter, Theorie der wirtschaftlichen Entwicklung. Leipzig 1912.
Robert Liefmann, Grundsätze der Volkswirtschaftslehre. 2 Bde. Stuttgart 1917—19.
Gust. Cassel, Theoretische Sozialökonomie. Leipzig 1918.
J. M. Bösch, Die entwicklungsgeschichtliche Idee der sozialen Gerechtigkeit, eine Kritik und Ergänzung der Sozialtheorie Herbert Spencers. Zürich 1896.
Ludwig Mises, Theorie des Geldes und der Umlaufsmittel. München 1912.
Karl Helfferich, Das Geld 3. Aufl. Stuttgart und Berlin 1916.
G. Knapp, Staatliche Theorie des Geldes. 2. Aufl. München u. Leipzig 1918.
J. Fisher, Die Kaufkraft des Geldes. Deutsche Ausg. Berlin 1916.
Robert Liefmann, Geld und Gold. Stuttgart 1916.
E. Bergmann, Geschichte der nationalökonomischen Krisentheorien. Stuttgart 1895.
Mentor Bouniatian, Wirtschaftskrisen und Überkapitalisation. München 1908. — Geschichte der Handelskrisen in England 1640—1830. München 1908.
Mich. v. Tugan-Baranowski, Studien zur Theorie und Geschichte der Handelskrisen in England. Jena 1901
sowie die weitere, im Text zitierte Spezialliteratur.

Oekonomische Bedingungen des sozialen Lebens. z. B.: Bedürfnis, Genuß und Wert. Von **L. R. C. Herckenrath.** 8°. 192 S. 1912. Geh. Mk. 4.50.

Die Statistik in Deutschland nach ihrem heutigen Stand. Ehrengabe zum 70. Geburtstag Gg. v. Mayr's. Von Professor Dr. **F. Zahn,** Präsident des Bayer. Statist. Landesamts 2 Bde. XXV, 824 und XI, 1021 S. 1911. Geh. Mk. 80.—.

Ein standard work der Statistik. Es gibt erschöpfend Aufschluß über die Entwicklung, Technik und Methode der deutschen Statistik.

Handelspolitische Bestrebungen Englands zur Erschließung der unteren Donau. Die Bedeutung des Schwarz-Meer-Hafens Constanza einst und jetzt. Ein Beitrag zur rumänischen Eisenbahn- und Wasserstraßenpolitik. Von **C. Baicoiano,** Doktor der Staatswissenschaft. 8°. VII, 80 S. und 4 Taf. 1913. Geh. Mk. 3.—.

Ein interessanter Beitrag zur rumänischen Eisenbahn- und Wasserstraßenpolitik.

Staatsbankrott und internationales Recht. Von der Bluntschli-Stiftung gekrönte Preisschrift. Mit Anhang: Die Organisation der internat. Kontrolle der griechischen Staatsfinanzen. Von Dr. **K. Pflug.** Lex. 8°. 101 S. 1898. Geh. Mk. 3.—.

Diese auch heute noch, oder gerade heute, lesenswerte Schrift untersucht, ob und wie der Staatsbankrott auf Grund rechtlicher Institutionen bekämpft werden kann.

Abnehmender Bodenertrag. Das Gesetz des a. B. seit J. von Liebig. Eine dogmengeschichtliche Untersuchung. Von Professor Dr. **J. Eßlen.** Lex. 8°. 298 S. 1905. Geh. Mk. 8.—.

Orienterport. Praktische Ratschläge für Industriefirmen zu seiner Einrichtung und Ausgestaltung. Von **W. K. Kubié.** 8°. VI, 134 S. 1918. Geh. Mk. 5.80.

Deutsches Buchwesen. Die gegenwärtige Lage des deutschen Buchwesens. Eine Darstellung der Spannungen und Reformbewegungen am Büchermarkt. Von Dr. **W. Moufang.** Gr. 8°. 61 S. Geh. Mk. 10.—.

Der Bücherkäufer und der Schriftsteller findet die notwendige Anregung und Aufklärung.

J. Schweitzer Verlag (Arth. Sellier) München, Berlin, Leipzig.

Das deutsche Bankwesen von Dr. **Joseph Loehr,** Direktor der Bayer. Handelsbank. Gr 8°. 171 S. Geb. Mk. 22.—.

Das Buch gibt einen Ueberblick über die Arten, die Rechtsverhältnisse und die volkswirtschaftliche Bedeutung der verschiedenen Zweige des Bankbetriebes.

Neudeutsche, gemischte Bankwirtschaft. Ein Versuch zur Grundlegung des Bankwesens. I. Bd.: Die entwicklungsgeschichtliche Analyse der großen Aktienbanken in Berlin. Von Dr. **A. Bosenick,** Berlin. Gr. 8°. X, 366 S. 1912. Geh. Mk. 18.—.

Das Buch gibt eine analytische Darstellung der Betriebsverhältnisse der modernen Großbanken.

Zurück zur Goldwährung von Dr. **Moritz Elsas,** Frankfurt a. M. 8°. 16 S. Mk. 2.20.

Unter Aufdeckung aller sozialen und wirtschaftlichen Schäden, die die Papiergeldwirtschaft an unserem Wirtschaftskörper bedeutet, wird uns hier ein Weg zur Rückkehr zur Goldwährung gezeigt.

Die Geldentwertung als Kredit-, Kalkulations- und Besteuerungsproblem (Werterhaltungskonten). Von Reichsgerichtsrat **Zeiler,** Rechtsanwalt Dr. **Rud. Wassermann** und Rechtsanwalt Dr. **Frd. Mayer.** 8°. 102 S. Geh. Mk. 15.—.

Das Dumping. Preisunterbietungen im Welthandel. Von RA. Dr. **O. Pesl.** Gr. 8°. VIII, 139 S. Geh. Mk. 21.—.

Die erste wissenschaftliche Darstellung von Begriff, Wesen und Wirken des Dumping.

Der Baukredit. Von Dipl.-Ing. Dr. **K. Stöhr,** Gr. 8°. VIII, 164 S. Geh. Mk. 12.—.

Die Frage der Kreditbeschaffung für Bauten wird von einem im Bauwesen besonders erfahrenen Architekten behandelt.

J. Schweitzer Verlag (Arth. Sellier) München, Berlin, Leipzig.

FSC
www.fsc.org
MIX
Papier | Fördert
gute Waldnutzung
FSC® C083411

Kolibri 360 GmbH
Ferdinand-Jühlke-Straße 7
99095 Erfurt, Deutschland
produktsicherheit@kolibri360.de